SOÑAR
CON
VALENTIA

Si este libro le ha interesado y desea que lo mantengamos informado de nuestras publicaciones, escríbanos indicándonos qué temas son de su interés (Astrología, Autoayuda, Naturismo, Nuevas terapias, Espiritualidad, Tradición, Qigong, PNL, Psicología práctica, Tarot...) y gustosamente lo complaceremos.

Puede contactar con nosotros en comunicacion@editorialsirio.com

título original: COURAGEOUS DREAMING
Traducido del inglés por Pere Muñoz Avellaneda
Diseño de portada: Editorial Sirio, S.A.

Emisión radiofónica de Hay House en www.hayhouseradio.com

EDITORIAL SIRIO, S.A.
C/ Panaderos, 14
29005-Málaga
España

EDITORIAL SIRIO
Nirvana Libros S.A. de C.V.
Camino a Minas, 501
Bodega nº 8 , Col. Arvide
Del.: Alvaro Obregón
México D.F., 01280

ED. SIRIO ARGENTINA
C/ Paracas 59
1275- Capital Federal
Buenos Aires
(Argentina)

www.editorialsirio.com
E-Mail: sirio@editorialsirio.com

I.S.B.N.: 978-84-7808-665-8
Depósito Legal: B-33.370-2009

Impreso en los talleres gráficos de Romanya/Valls
Verdaguer 1, 08786-Capellades (Barcelona)

Printed in Spain

Alberto Villoldo

SOÑAR CON VALENTIA

editorial Sirio, s.a.

A mi hija, Alexis, y a mi hijo, Ian.
¡Que siempre ensoñéis valientemente!

Introducción

El ensueño valiente

Somos lo que pensamos.
Todo lo que somos surge con nuestros pensamientos.
Con ellos creamos el mundo.
Buda

Tanto si nos damos cuenta como si no, todos estamos creando el mundo soñándolo. En lo que estamos metidos no es en el acto de soñar con el que tan familiarizados nos encontramos, sino más bien en un tipo de ensoñación que hacemos con los ojos abiertos. Cuando no somos conscientes de que compartimos el poder de cocrear la realidad con el propio universo, ese poder se nos escapa y hace que nuestro sueño se convierta en una pesadilla. Entonces empezamos a sentir que somos las víctimas de una desconocida y espantosa creación que somos incapaces de influenciar, y los sucesos parecen controlarnos y atraparnos. El único modo de acabar con esa terrible realidad es despertar al hecho de que eso también es un sueño… y entonces reconocer nuestra capacidad de escribir una historia mejor, una en la que el universo trabajará con nosotros para manifestarla.

La naturaleza del cosmos es tal que sea cual sea la visión que tengas de ti mismo el mundo, la hará realidad. Tan pronto como despiertes el poder que tienes, empezarás a ejercitar los músculos de tu coraje. Entonces podrás soñar con valentía: desprendiéndote de tus creencias restrictivas y superando tus miedos. Podrás comenzar a confrontar un sueño verdaderamente original que germinará en tu alma y dará frutos en tu vida.

El sueño valiente te permite crear, desde el origen, la sopa cuántica del universo, donde todo existe en un estado latente o potencial. Los físicos entienden que en el mundo cuántico nada es «real» hasta que es observado. Los definidos paquetes de energía conocidos como «cuantos» (compuestos de partículas de materia y de luz) no están ni «aquí» ni «allí»; en cierto sentido, están en todas partes del espacio/tiempo hasta que tú o yo decidimos prestarles atención. Cuando lo hacemos, los sacamos de la red de infinitas posibilidades y los hacemos precipitar en un suceso en el tiempo y el espacio. A esos cuantos de energía les gusta conectarse los unos a los otros una vez han seleccionado una forma particular de manifestación. En cuanto se manifiestan, la realidad se vuelve fija: nuestra realidad está «aquí» en lugar de, posiblemente, en cualquier otro sitio.

Pero los sucesos cuánticos no tienen lugar sólo en el laboratorio. También ocurren dentro de nuestro cerebro, en esta página y en cualquier sitio a nuestro alrededor. Incluso si están separados por millones de kilómetros, o por días o semanas, esos cuantos de energía permanecen estrechamente conectados; por consiguiente, si interactúas con uno, afectas al sistema entero del que esa energía es parte. Cuando accedes a cualquier parte del sueño, la gran matriz de la creación, puedes cambiar la realidad y alterar todo el sueño, y sus efectos se expandirán hacia el pasado e influirán en el futuro.

La física moderna está describiendo lo que los antiguos guardianes de la sabiduría de las Américas saben desde hace mucho tiempo. Estos chamanes, conocidos como «los Guardianes de la Tierra», afirman que estamos creando el mundo al soñarlo mediante el mero acto de presenciarlo. Los científicos creen que sólo somos capaces de hacer eso en el diminuto mundo subatómico. Los chamanes entienden que también podemos soñar un mundo más grande de lo que lo experimentamos con nuestros sentidos.

Al igual que los aborígenes australianos, los Guardianes de la Tierra viven en un entorno en el que el tiempo del sueño no ha sido confinado en el dominio del dormir como ha ocurrido con el resto de nosotros. Ellos saben que toda la creación surge de esa matriz creativa y regresa a ella. El tiempo del sueño infunde toda la materia y la energía, conectando cada criatura, cada roca, cada estrella, y cada rayo de luz o mota de polvo cósmico. El poder de soñar, entonces, es el poder de participar en la misma creación. Soñar la realidad no es sólo una capacidad, sino también un deber, uno que todos los humanos han de llevar a cabo con gracia para que nuestros nietos hereden un mundo en el que puedan vivir en paz y abundancia.

Ya hemos entrado bastante en detalle para crear nuestro universo soñándolo. Inmediatamente después del Big Bang, el 99,99% de toda la materia y antimateria del cosmos salieron para aniquilarse la una a la otra. Las estrellas y galaxias que vemos a nuestro alrededor hoy son lo que quedó, una minúscula porción de lo que fue una vez. Si la proporción de materia con respecto al espacio en el universo hubiese cambiado tan sólo una milmillonésima parte, las leyes de la física que permiten que surja la vida no habrían sido posibles. El Big Bang tuvo que estar tan perfectamente orquestado y calculado que únicamente produjo una parte de materia en 10 elevado a la potencia cincuenta de polvo de estrellas. Eso es dividido por 10 seguido de cincuenta ceros, ni más ni menos. Que eso ocurriese simplemente por casualidad sólo es posible si contemplamos la existencia de un enorme número de universos en el cosmos, ¡donde un suceso improbable como la creación de nuestro propio universo habría sido posible!

Lo que es aún más desconcertante es el ajuste de los parámetros del universo que se dio en la superficie de la Tierra, y que ha mantenido un equilibrio de temperatura perfecto entre los puntos de congelación y ebullición del agua durante más de mil millones de años. La improbabilidad de esas proporciones que permiten la aparición de la vida sugiere la presencia de una fuerza inteligente, no un creador o un dios, sino un poder del universo, que los Guardianes de la Tierra llaman «el tiempo del sueño» o «infinito».

Los Guardianes de la Tierra con los que he estudiado en los Andes y el Amazonas creen que sólo podemos acceder al poder de esa fuerza elevando nuestro nivel de conciencia. Cuando lo hacemos, nos volvemos conscientes de que somos como una gota de agua en un inmenso océano divino, distinguible pero inmersa en algo mucho más grande que nosotros mismos. Es justo cuando experimentamos nuestra conexión con el infinito cuando somos capaces de soñar poderosamente. De hecho, en primer lugar, es nuestra sensación de separación del infinito lo que nos atrapa en una pesadilla. Si esto te suena a pensamiento circular, estás en lo cierto. ¿Qué es primero, la pesadilla o la sensación de separación del infinito? La respuesta es que ocurren simultáneamente.

Para acabar con la pesadilla, para reclamar tu poder de soñar la realidad y crear algo mejor, necesitas algo más que reconocer cómo funciona ese proceso. Necesitas tener una comprensión visceral de tu poder de ensueño y experimentarlo en cada célula de tu cuerpo. El entendimiento intelectual de tu capacidad para crear la realidad imita, pero luego impide, el tipo de ensueño del que eres capaz. Si no llegas más allá de la mera comprensión intelectual del concepto, acabarás impidiendo el paso y creando una experiencia del mundo mucho menos gloriosa y hermosa de lo que eres capaz. Con una comprensión visceral de tu poder de ensoñar, te das cuenta de que puedes compartir esa experiencia de infinito aquí y ahora, y dejar de sentirte disociado y desconectado.

Se requiere coraje para probar el infinito. Según la mitología griega, los dioses castigaban inmediatamente a cualquier mortal que se atreviese a ascender al monte Olimpo y probar el poder divino. Pero en última instancia recompensaban a aquellos que habían tenido el coraje de subir hasta su reino, como Hércules y Psique. De igual modo, en la tradición judeocristiana, tan pronto Adán y Eva desobedecieron a Dios y comieron de la fruta del árbol del conocimiento del bien y del mal, haciendo a los humanos más parecidos a Dios, fueron expulsados del Jardín del Edén, «no sea que ahora [la humanidad] alargue su mano y tome también del árbol de la vida, coma de él y viva para siempre» (Gén. 3, 22). Pero a pesar de ese pecado original de la humanidad, a hombres y mujeres se les promete una oportunidad de morar en el cielo al final de los tiempos.

Una vez experimentas el ensueño, te das cuenta de que todo en tu vida se está desarrollando con perfecta sincronicidad. Los sucesos puede que no salgan del modo que te gustaría, pero dentro del gran esquema de las cosas, están ocurriendo en una armonía superlativa. Por ejemplo, pierdes el tren para ir al trabajo el día en que los terroristas atacan el *World Trade Center* y sobrevives (lo cual, por cierto, le ocurrió a un alumno mío). O tu hijo te dice que le han aceptado en la universidad que había escogido la misma semana que tú consigues el ascenso que habías estado esperando. Si el universo parece estar conspirando en tu contra, por otra parte, entonces necesitas cambiar el ensueño.

Con el ensueño valiente, descubres que tus problemas ya no te están abrumando o definiendo tu vida. Si bien las dificultades a las que te enfrentas se sienten muy reales, siempre tienes la elección de crear una versión heroica de tu relación con ellas en lugar de una desproveedora saga de sufrimiento. Reconocerás que puedes dejar de ser una víctima, intentando arreglar el mundo tú solo o sintiéndote vengativo hacia aquellos que te han hecho daño. Verás que tu vida es exactamente como debería ser justo ahora, y podrás liberarte de todas las historias que te mantienen sintiéndote atrapado e infeliz y desahogándote en la consulta de tu terapeuta. Empezarás a practicar el ensueño para crear el mundo, y todo cambiará.

Los Guardianes de la Tierra creen que el mundo es real, pero sólo porque lo hemos soñado para crearlo. Pero ensoñar requiere un acto de coraje, pues cuando carecemos de él, tenemos que conformarnos con el mundo que ha sido creado por nuestra cultura o nuestros genes; sentimos que tenemos que conformarnos con la pesadilla. Para ensoñar con valentía, debemos estar dispuestos a utilizar nuestros corazones. De lo contrario, nuestros sueños se atascarán en el nivel del pensar, planear y preocuparse demasiado. Nuestro sueño se convertirá en una pesadilla o en mera fantasía, atrapándonos o distanciándonos mientras nos preguntamos: «¿Qué ha pasado?».

~ ~ ~ ~

Recuerdo uno de mis primeros viajes al Amazonas. Era entonces un joven antropólogo que investigaba las prácticas sanadoras de los chamanes de la selva tropical y había decidido prestarme como sujeto. Le expliqué al «hombre medicina» de la jungla que cuando niño hui de mi país natal debido a una revolución comunista. Había visto derramamientos de sangre en las calles y me había aterrorizado por los tiroteos durante las noches. Desde entonces había sufrido pesadillas recurrentes en las que hombres armados entraban por la fuerza en mi casa y se llevaban a mis seres queridos. En aquella época tenía veintitantos años, pero había sido incapaz de comprometerme en una relación duradera por miedo a perder a la persona que amaba, igual que en mi pesadilla.

Durante la ceremonia de sanación, el chamán me explicó que, como todo el mundo, podía tener lo que quería o las razones de por qué no podía. «Estás demasiado enamorado de tu historia –dijo el anciano–. Hasta que te atrevas a soñar un sueño diferente, lo único que tendrás es la pesadilla.»

Aquella noche aprendí cómo podía crear una historia diferente para mí mismo, una en la que había sido templado por la adversidad y mis experiencias me habían enseñado a tener compasión por otros que estuviesen sufriendo. El primer paso para soñar mi nuevo sueño fue crear una nueva historia en la que no estaba representando el papel de la víctima. Entonces me di cuenta de que no sólo estaba soñando mi vida, sino que también estaba soñando todo el cosmos para crearla, del mismo modo que él estaba haciendo conmigo.

Aunque la mente se resiste, el hecho es que, como yo, tú tienes que elegir entre tener la vida que quieres o las razones por las que no puedes tenerla. Puedes deleitarte con la paz y la alegría, o estar constantemente abrumado por ese enorme y negro saco lleno de todos los tristes incidentes y accidentes que te ocurrieron en la infancia o en tu última relación. Puedes soportar las heridas o disfrutar tu gloria. Puedes vivir la vida de una víctima, apesadumbrada por los traumas de tu pasado, o vivir la vida de un héroe, pero no puedes hacer ambas cosas. Si quieres sentirte con poder, necesitas tomar una decisión consciente para crear un sueño sagrado y practicar el coraje.

El ensueño valiente ocurre en un estado de percepción al que los Guardianes de la Tierra llaman el nivel del *colibrí*. El colibrí es un arquetipo del viajero heroico; al igual que él, inevitablemente tomarás algún camino equivocado. Sin embargo, cada vez que vuelvas a reconocer que estás soñando tu realidad, profundizarás tu comprensión del viaje y te sentirás comprometido con él. Serás capaz de abrazar el siempre cambiante paisaje a tu alrededor con ecuanimidad y sentido del humor, e incluso experimentarás la dicha.

Reconocer que estás viviendo en una pesadilla

La palabra «soñar» evoca la extraña secuencia de imágenes que se despliega en nuestra mente cuando estamos dormidos. Los sueños también pueden ser metáforas: aspiramos a alcanzar el sueño americano, una casa de ensueño, un romance de ensueño o una carrera profesional de ensueño. Vemos los problemas del mundo y decimos que soñamos con el fin de la pobreza, la violencia y el calentamiento global; lo que queremos decir es que creemos que nos estamos permitiendo hacernos ilusiones, describiendo que lo que sentimos nunca podrá hacerse realidad. Pero ni nuestras creaciones oníricas ni nuestras ilusiones son el tipo de sueño que exploraremos en este libro.

Si eres como la mayoría de la gente, tu plan original para tener una «vida de ensueño» fracasó en algún momento. Examinaste lo que fue mal, retocaste el plan, dejaste a un lado la decepción y volviste a intentarlo..., y fracasó de nuevo. Puede que estés en un punto en el que empiezas a perder fe en que puedes tener una existencia plena y significativa, o podrías sentirte sin la capacidad de crear el destino que deseas. Puede que te distrajeses y olvidases lo que habías imaginado originalmente y ahora sientas que sólo estás dejándote llevar por los vaivenes de la existencia, inseguro de tu propósito. «Soñar» puede parecer frustrante e inútil.

Cuando nos quedamos atrapados en las actividades de supervivencia cotidiana e intentamos crear una vida que nuestra mente nos dice que debería hacernos felices, podemos quedarnos confusos. La relación se amarga, el modo de vida despreocupado se desvanece y las facturas se amontonan... o miramos a nuestro alrededor a todos los símbolos de éxito que hemos adquirido y nos preguntamos por qué no nos hacen felices. Nuestra fórmula para la dicha se convierte en una receta para la banalidad en el mejor de los casos y para el sufrimiento en el peor, y nuestro sueño se convierte en pesadilla.

Por mucho que nos guste pensar en que llevamos una vida audaz y original, tendemos a perder nuestro entusiasmo por la aventura a temprana edad, mientras empezamos a ajustarnos con las expectativas de nuestra cultura acerca de cómo debemos pensar, sentir y actuar. Hemos sido educados en una pesadilla cultural que promueve la apatía en lugar del coraje y la conformidad en lugar de la originalidad. No tenemos una sensación de satisfacción o propósito, pero no nos atrevemos a admitir que nuestras vidas no están funcionando. Puede ser tan aterrador incluso pensar en pagar las consecuencias por ir contra el statu quo que simplemente nos quedamos en donde estamos, temerosos de mover el bote.

Ése era el caso cuando me encontraba en la San Francisco State University. En aquel entonces era uno de los profesores clínicos más jóvenes en el sistema de la universidad estatal, y también dirigía mi propio laboratorio, el Laboratorio de Autorregulación Biológica. Un día se me ocurrió que quizás estaba mirando por el extremo del microscopio equivocado, que en lugar de ir cada vez más a lo más pequeño para comprender la mente tenía que ampliar la visión, hasta el punto de considerarlo un paradigma cuyas reglas sobre espacio y tiempo eran completamente diferentes a las del paradigma en que había sido formado. Fue entonces cuando oí una débil llamada interior que me invitaba a dejar el laboratorio y viajar al Amazonas, donde pude estudiar a los chamanes que se basaban por completo en el poder de la mente para crear lo que entonces yo llamaba «salud psicosomática».

Todos mis amigos pensaron que estaba loco, que estaba echando a perder una prometedora carrera por una aventura salvaje en la jungla. El único que se alegró de verme marchar fue el decano, que creía que toda aquella investigación de la conciencia era una pérdida de tiempo y dinero. Recuerdo lo avergonzando que me sentí, y lo decepcionada que estaba mi familia por dejar un trabajo «respetable» en la universidad y convertirme en explorador. (Incluso muchos años más tarde, cuando ya superaba los cuarenta y había escrito media docena de libros y dado conferencias en universidades de todo el mundo, mi madre me preguntó cuándo iba a «conseguir un trabajo de verdad» en la universidad; un puesto que ella creía de prestigio en contraste con el trabajo que estaba haciendo).

Recordar lo avergonzados que hemos estado en el pasado por ser diferentes nos hace sentir tan incómodos que proyectamos esa vergüenza en los demás y contribuimos a una pesadilla colectiva de impotencia y miedo. Sospechamos de cualquiera que piense, sienta y actúe diferente que los demás, y en el fondo también le tenemos envidia. Atrapados en esa pesadilla, dejamos de correr riesgos y nos volvemos cínicos. Nuestra confianza en los demás se debilita e insistimos en que podemos cuidar de nosotros mismos sin ayuda de nadie.

Nos gustaría creer que estamos viviendo nuestras vidas con creatividad, que somos iconoclastas y fascinantes, pero acabamos llevando a cabo rebeliones mundanas como conducir un deslumbrante coche rojo en lugar de uno de color más neutro o llevar una camisa hawaiana en el trabajo en lugar de un traje. Desgraciadamente, nuestros actos creativos se han convertido en símbolos vacíos, y la vida se ha vuelto una parodia de una telenovela, con gente adoptando roles estereotipados y representando guiones trasnochados.

La falta de originalidad y coraje son los distintivos de nuestra pesadilla colectiva. Como todos tenemos la necesidad fundamental de sentirnos seguros que nos da lo conocido, ansiamos encajar y nos consolamos creyendo que mañana será justo igual que hoy. De hecho, el psicólogo Abraham Maslow, que identificó una jerarquía de las necesidades humanas, descubrió que los hombres y las mujeres colocan la necesidad de seguridad por encima de la del amor. El cambio hace que nos enfrentemos a lo desconocido y nos quedemos en el reino de lo extraño, por eso lo evitamos. Antes de salir por la puerta, queremos que nos aseguren del todo que no experimentaremos ninguna incomodidad y que nuestro camino estará libre en todo momento y nos llevará directo a nuestra meta. Cualquier incertidumbre es suficiente para hacernos cerrar la puerta por completo. Parece menos doloroso permanecer con lo que es conocido, aun cuando estamos refunfuñando y quejándonos continuamente de lo horrible que es.

Admitir que lo que estamos haciendo no está produciendo los resultados que nos gustarían requiere coraje. Mientras me encontraba en mi laboratorio en la universidad, podría haber continuado recibiendo becas de investigación para llevar a cabo estudios que sabía que no serían significativos. Había intentado convencerme a mí mismo de que, como iba consiguiendo fondos de respetadas fundaciones, estaba haciendo algo importante. Cuando decidí viajar al Amazonas, ninguno de mis patrocinadores estaba dispuesto a respaldar mi trabajo, y el único colega que me apoyó fue mi profesor, el doctor Stanley Krippner. Una vez me di cuenta de que me había estado mintiendo a mí mismo acerca de la importancia de mi carrera académica, tuve que liberarme de mi patrón de responder a mi desazón haciendo lo mismo que siempre había hecho... sólo que con un mayor compromiso. Tenía que dejar de esperar que, si lo intentaba con el suficiente empeño, encontraría una manera de trabajar en algo que tuviese sentido y aún contase con la bendición de alguna universidad importante.

Los Estados Unidos siempre han abrazado la metáfora de renacer a la pasión y el compromiso. Las librerías americanas están repletas de biografías de atletas y estrellas de cine que dejaron sus drogadicciones, de hombres y mujeres pobres que se hicieron extremadamente ricos, y de gente gorda e infeliz que se transformó en gente delgada y feliz. Pero por mucho entusiasmo que tengamos para reinventarnos, a menos que nos liberemos, en primer lugar, de los sueños y las ilusiones que nos metieron en la pesadilla, seguiremos «re creándola» de un modo u otro. Pensamos que estamos renaciendo, pero en poco tiempo descubrimos que aún estamos subiendo la roca por la montaña, como Sísifo, sin llegar a ninguna parte. El ex o la ex que nos estaba volviendo locos se ha ido, pero nuestra nueva pareja es igual de desesperante; o aquel cambio de carrera profesional por el que estábamos rezando nos hizo aterrizar en otro trabajo dominado por la política de oficina. ¡Con razón nos sentimos impotentes! Deseamos la paz mundial, o al menos la paz en nuestras vidas, pero no podemos mantener una conversación con nuestra antigua pareja o nuestro actual compañero de trabajo sin enfurecernos.

Puedes dejar de embarcarte en esfuerzos inútiles y sentirte atrapado en una pesadilla, pero para hacerlo debes hacer un cambio radical acerca de cómo percibes la realidad. Ningún curso de autoayuda te servirá para eso, y comprender lo que deberías hacer no es suficiente. Tienes que reclamar tu poder de ensoñar con atrevimiento y valentía, consciente de tu viaje por el infinito. Sólo entonces podrás liberarte con facilidad y naturalidad del temor que te mantiene empantanado en tu pesadilla personal.

Soñar una vida con propósito y significado

Si bien nos han dicho que crear seguridad material hará que nos sintamos bien, incluso aquellos que alcanzan el éxito según los estándares de nuestra cultura a menudo se sorprenden de lo vacíos que son sus triunfos. Algunos de mis clientes son multimillonarios cuya riqueza envidiaría la mayoría de la gente, pero muchos no disfrutan de ningún sentido de propósito ni felicidad. Algunos de ellos pueden pensar lo espantoso que sería si perdiesen lo que han acumulado, lo cual es a menudo la razón por la que vienen a verme a mí en primer lugar. Quieren sanarse de la maldición que la sociedad les ha impuesto, el mandato de lograr y acumular. Desean descubrir cómo tener una vida rica con significado.

Otros clientes que no han alcanzado sus metas tienden a enfocarse en el futuro diciendo: «Voy a cambiar mi vida y hacer del mundo un lugar mejor en cuanto mis hijos sean mayores/acabe mi plan de pensiones/tenga un trabajo menos estresante...». Están esperando que todas sus distracciones desaparezcan del camino para que puedan aprovecharse de su gran oportunidad de demostrar lo audaces y originales que pueden ser. Pero en el presente se hallan en medio de una pesadilla colectiva nada inspirada, sin originalidad e insostenible…

Muchos de nosotros somos como la rana atrapada en un cazo con agua que va hirviendo lentamente. En esta historia tan citada, la criatura siente que el agua se va calentando cada vez más, pero en lugar de decirse «sería mejor saltar fuera antes de que esté demasiado caliente y sufra de verdad» sigue adaptándose a la temperatura. Al final, el pobre animal hierve hasta morir. Justo ahora, el agua está empezando a hervir a fuego lento a nuestro alrededor; necesitamos dejar de esperar que las cosas mejoren algún día y simplemente *saltemos*.

Con demasiada frecuencia, en nuestro pánico estiramos el brazo para conseguir un arreglo rápido que requiera un mínimo esfuerzo, y nos hacemos creer que hemos encontrado un atajo a la felicidad. Enviamos a nuestra hija a una escuela nueva, pensando que eso solucionará todos los problemas que estaba teniendo en la antigua, sólo para darnos cuenta de que es tan infeliz como antes.

En un nivel colectivo buscamos los mismos tipos de soluciones: en los últimos años, Ecuador ha perdido el 40% de sus selvas tropicales debido a las perforaciones en busca de petróleo para alimentar el insaciable apetito americano por los combustibles fósiles. Pero acabaron consiguiendo sólo el petróleo para abastecer a los Estados Unidos durante dos semanas. Está claro que los arreglos rápidos pueden resultar dolorosamente caros e inútiles, y nos hacen caer de nuevo en aquel cazo de agua hirviendo; seguimos teniendo los mismos problemas de combustibles fósiles limitados, economías que dependen de ellos y calentamiento global.

Una razón por la cual nos esforzamos por encontrar soluciones rápidas en lugar de acceder a nuestro coraje de soñar algo nuevo es porque creemos falsamente que el coraje requiere sacrificio. Pero es en realidad la cobardía la que requiere el mayor sacrificio: el de nuestras convicciones, nuestros principios, sueños y esperanzas. Dejarse llevar por el pánico e intentar crear seguridad material nunca funciona por mucho tiempo, y el coste es muy alto. Renunciar a lo que más valoramos nos causa más sufrimiento que renunciar a la aprobación de otra persona o a nuestra propia comodidad material. Es mucho mejor olvidarse de los arreglos rápidos y aprender a acceder al coraje de ensoñar.

El coraje del alma

La palabra «coraje» deriva del latín *cor*, que significa corazón o alma. El coraje del alma más allá de la mera valentía. Cuando somos valientes, corremos riesgos para satisfacer nuestras necesidades de supervivencia. Las historias de héroes militares que luchan hasta el final a pesar del abrumador número de tropas enemigas son extraordinarias, pero están motivadas por la necesidad de sobrevivir. Con el coraje del alma, no nos enfocamos sólo en la supervivencia o en la seguridad; de hecho, semejante coraje nos impulsa a arriesgar nuestra comodidad y seguridad, y en ocasiones incluso nuestras vidas, pues actuamos según nuestros valores más profundos. Este tipo de valentía proviene de una fuente más elevada y es el ingrediente necesario para que creemos un ensueño diferente.

Tu ensueño puede ser uno de paz o aventura, de educación o enseñanza, de cuidado o sanación. Y aunque un ensueño no esté formulado en palabras sino que está compuesto de visión, instinto y sentimientos (de manera similar a los sueños), puede ser descrito en palabras. Éstos son unos cuantos ejemplos: «Quiero saborear totalmente la vida que tengo y disfrutar de mis hijos estando presente en el trabajo cuando estoy en la oficina y presente con mi familia cuando estoy en casa», o «Quiero vivir con espíritu aventurero, explorando mis opciones y escuchando mi corazón», o «Quiero hacer algo importante en el mundo en cualquier camino que el Espíritu me guíe». A diferencia de los deseos, las esperanzas o incluso los objetivos concretos, esas afirmaciones pueden manifestarse en cualquier momento cuando las mantienes en tu corazón. Entonces te comportas con facilidad y naturalidad en concordancia con tu ensueño, accediendo al tremendo poder del coraje.

Cuando estás ensoñando con coraje, experimentas un nivel de conciencia y atención más elevado, pero no te hallas en éxtasis como un monje en la cima de una montaña ni tampoco te encuentras atrapado intentando simplemente sobrevivir. Estás presente en tu experiencia, sin enfocarte en el pasado o el futuro. De manera que si estás metiendo en la bolsa lo que se puede reciclar para llevarlo a la vuelta de la esquina, por ejemplo, al mismo tiempo eres consciente de que estás participando en el cuidado del planeta. Si estás esperando haciendo cola para conseguir tu carné de conducir, aceptas que te digan que no has rellenado el formulario correctamente; no empiezas a escribir una historia en tu mente sobre tu tarde infernal con la burocracia.

Dicho de otro modo, reconoces tu conexión con los demás y percibes que no eres el único que importa, y realmente procuras el bien a todas las criaturas de la Tierra. Te preocupas del empleado que hay tras la vitrina y del adolescente nervioso que espera su examen de conducir. Reconoces que tu miedo no justifica que lo inflijas a nadie más y tu frustración no justifica que la proyectes a nadie.

El coraje del alma nos lleva más allá de las banales emociones humanas y nos deja vivir con autenticidad, expresando nuestra verdad y rompiendo las reglas incluso cuando es embarazoso o incómodo hacerlo. Nos permite adoptar una postura en los pequeños momentos en lugar de esperar a nuestra gran oportunidad para demostrar lo que valemos, nuestro «momento de grandeza Rosa Parks».

En realidad, ni siquiera la propia Rosa Parks esperó su propio momento de grandeza. Para cuando rechazó ceder el asiento en un autobús de Montgomery, Alabama, a una persona blanca en 1955, ya había estado involucrada en la lucha por los derechos civiles durante años, y había sido secretaria de la NAACP[1] y líder de la juventud en la división local. Había soportado a los conductores de autobús antes, pero nunca había sido arrestada por sus acciones. Ya estaba viviendo según sus valores y apoyando a otros que estaban viviendo según los suyos. Permaneció sentada, infringiendo la ley, no porque estuviese particularmente cansada aquel día o porque de repente y sin pensarlo encontró el valor suficiente que había estado escondido hasta aquel mágico momento; simplemente vivió su vida en concordancia con sus valores y sus propósitos más profundos, así que cuando necesitó coraje, éste estuvo allí para ella. Actuar con integridad no le supuso un enorme esfuerzo o fuerza de voluntad porque era su hábito establecido.

Hasta el día en que murió, la señora Parks mantuvo que se sentía incómoda por ser conocida por haber empezado el boicoteo del autobús de Montgomery. Entendía que podría haberlo hecho cualquier otra persona que, como ella, estuviese viviendo una existencia de integridad y coraje, y que habría hecho lo mismo que ella bajo aquellas circunstancias. Pero esta historia ha sido reescrita para mostrar a una valiente iconoclasta que de inmediato accedió a un filón de coraje que había estado enterrado

1. National Association for the Advancement of Colored People (Asociación Nacional para el Progreso de las Personas de Color). (N. del T.)

hasta aquel momento clave, impulsando de ese modo una revolución... como si la historia real no fuese lo suficientemente inspiradora.

Esperar a tu gran momento Rosa Parks es descorazonador, porque te impide desarrollar el hábito de vivir valientemente en cada pequeño momento. Sin embargo, como la señora Parks, puedes desarrollar el hábito de *ensoñar* con coraje, o escoger crear una nueva y mejor realidad justo ahora en lugar de esperar durante toda la vida a mejorar. Este libro y los ejercicios que hay en él te ayudarán a acceder a la fuerza para actuar, para limpiar el desorden en el río de tu vida, y para dejar de revivir y de recontar las mismas historias de victimismo e impotencia.

Puedes decidir arriesgar tu comodidad en lugar de negar tus principios más arraigados. Puedes ser honesto contigo mismo y con otros, amar sin temor, y sanarte a ti y tus relaciones. Puedes dejar de esconderte de la dolorosa verdad de que no siempre estás viviendo según tus ideales. Puedes reírte de ti mismo, encontrar la belleza en cualquier momento o situación, y convertirte en los cambios que te gustaría ver en el mundo. Entonces podrás alcanzar la meta de estar dispuesto a morir en cualquier momento, una actitud que te permite dejar de tener miedo y apreciar la vida y el precioso tiempo que tienes para experimentarla.

Una vez ya no estés atrapado en la pesadilla, puedes empezar el proceso de ensoñar y observar cómo el universo refleja el cambio en ti al alterar las circunstancias a tu alrededor. Pero aunque ya no necesitarás hacer un esfuerzo hercúleo para intentar crear felicidad y realización en tu vida, tendrás que decir sí a cualquier oportunidad para vivir con valentía. En el momento en que te encuentres empezando a contar una mentira para proteger tu ego, inventando una historia de victimismo, o cediendo tu asiento en tu proverbial autobús y farfullando: «Bueno, puede que la próxima vez», necesitarás despertar a tu poder de ensoñar y dejar que un torrente de coraje del alma te invada.

Cuando ensueñas con valentía, los efectos no son siempre inmediatamente visibles en el mundo físico. Los cambios más espectaculares ocurrirán en tu interior, en silencio, mientras tomas la decisión de rechazar las irrazonables expectativas de tu cultura, familia, vecindario e iglesia; libérate de la necesidad de ser aceptado o admirado, y admite que podrías sentirte inseguro o fracasado. Te basas en el coraje del alma cuando escoges ver las cosas de otra manera y crear un tipo diferente de vida para ti. Cuando lo haces, las circunstancias de tu entorno inmediato empiezan a transformarse.

Ninguno de nosotros alcanzará nunca un estado permanente de iluminación ni será capaz de sacarse los zapatos, levantar los pies y saber a ciencia cierta que está libre de todos los temas y en paz con cada situación. Inevitablemente, cada momento que empezamos a sentirnos así, el universo nos proporciona la oportunidad perfecta para darnos cuenta de lo ridículos y arrogantes que estamos siendo. Por ese motivo, debemos empezar a ensoñar el mundo que decimos querer que exista y la vida que decimos que queremos llevar. Primero tenemos que reconocer lo paralizante que es vivir en la pesadilla que hemos escrito para nosotros mismos, además de cómo hemos actuado en connivencia con la pesadilla cultural que compartimos. Pasemos página y empecemos.

PRIMERA PARTE

De la pesadilla al ensueño

Capítulo uno

Escapar de la pesadilla

Creo en mirar a la realidad
directamente a los ojos y negarla.
Garrison Keillor

Cuando tenía 15 años, estaba profundamente encaprichado de una chica que estaba conmigo en el equipo de natación local. Rose era la joven más hermosa que había conocido, y me dolía el corazón cada vez que estaba en el agua con ella. Era demasiado tímido y vergonzoso para decirle lo que sentía, aunque a menudo nadase junto a ella y experimentase verdadero placer cada vez que una pequeña onda me pasaba por encima desde su calle. Mientras dábamos la vuelta uno al lado del otro, separados sólo por la corchera flotante, mi imaginación emprendía el vuelo. Nos veía declarándonos nuestro amor eterno, y veía sus lágrimas de alegría mientras me arrodillaba y le pedía que se casase conmigo. Me la imaginaba sonriendo cuando yo volvía del trabajo a nuestra pequeña casa en una colina, con nuestros risueños hijos corriendo hacia mí con los brazos abiertos.

Estaba completamente ensimismado con aquel sueño, que nunca se hizo realidad. Un chico de nuestro equipo más seguro de sí mismo que yo la cortejó, y al final se casaron. Mantuve el secreto de mi encaprichamiento cuando Rose y yo partimos en direcciones opuestas. Finalmente me casé con otra mujer, suponiendo que mi vida se desarrollaría según la fantasía que había reproducido en mi cabeza como una película, con aquella mujer haciendo el papel de Rose como esposa y madre adorable.

Para mi gran sorpresa, descubrí que mi matrimonio de ensueño pronto se convirtió en una pesadilla. Mi esposa no era feliz criando a nuestros hijos mientras yo trabajaba, y mi trabajo en aquel entonces era insatisfactorio y agotador. La casita en la colina acabó siendo una decadente casucha de ciudad en un ruidoso y peligroso barrio del lado malo de San Francisco. Me sentía impotente y atrapado; cuanto más intentaba hacer que mi vida funcionase según lo que había imaginado, más sufría. Después de muchos años y del fracaso de mi matrimonio, me di cuenta de que había estado viviendo en una pesadilla fabricada por mi cultura, mi comunidad y mi familia. Nunca me había cuestionado su valor o imaginado que podría crear algo diferente para mí.

Mucha gente hoy está en una situación similar, aunque podrían no saberlo. Puede que incluso tú seas uno de ellos, empujado a una progresión lineal, desde la escuela al matrimonio, la carrera profesional, la paternidad y la edad madura, sin cuestionarte si ese camino es el correcto para ti ni cuál es tu propósito. En un rincón de tu conciencia, una débil voz susurra: «Debe de haber algo más en la vida que esto», pero temes reconocer su mensaje. Al carecer del coraje para admitir que eres un co-conspirador en una pesadilla que no te está haciendo sentirte feliz, simplemente escoges evitar pensar en la incomodidad. Continúas caminando pesadamente, paso a paso.

Para saciar nuestra sed de significado y ayudarnos a escapar de la pesadilla, a menudo buscamos poder, fama, influencia, autoridad o dinero, esperando que si tenemos suficiente de esas cosas, quizás el sueño pueda funcionarnos. Puede que lleguemos a hacer un arreglo rápido, actuando impulsivamente o reprimiendo nuestros sentimientos difíciles con una botella de vino, una aventura extramatrimonial, o un aluvión de actividad que nos mantenga tan ocupados que simplemente no tengamos tiempo para pensar, sentir o soñar. No nos damos cuenta de que tenemos el poder para despertar de la pesadilla y abrir los ojos a un nuevo día... y que podemos hacerlo sin cambiar la pareja, el trabajo o los hijos.

Superando la apatía

Podríamos acabar la pesadilla en cualquier momento porque tenemos todas la recetas que necesitamos para el éxito y la felicidad. Desgraciadamente, apenas las utilizamos. Eso me recuerda la reciente visita que le hice a un amigo que está atrapado por un matrimonio desesperado y por un horario que le está matando. Ha engordado casi 20 kilos y se da cuenta de que necesita hacer más ejercicio y meditar, pero no tiene tiempo para ninguna de las dos cosas. Su dieta es terrible, aunque sabe que realmente debería estar comiendo mejor. La ironía de todo eso es que las estanterías de mi amigo están repletas de libros de autoayuda... ¡muchos de los cuales él mismo ha escrito!

Mientras bebíamos un sorbo de vino, empezó a contarme sus males. «¿Y por qué no sigues algunos de tus propios consejos?», le pregunté.

«No tengo ni el tiempo ni el dinero necesario», confesó.

Aquel hombre había caído en la apatía. Su creencia en su impotencia lo mantenía estancado, incapaz de cambiar nada en su vida. La apatía se manifiesta como depresión e «impotencia adquirida»; la creencia de que todas las experiencias pasadas son la evidencia de la completa inutilidad que es intentar afectar a la propia vida. La gente que sufre de impotencia adquirida cree que no tiene control sobre sus situaciones, por lo que si su sufrimiento es grande, no llevará a cabo ni el acto más mínimo para cambiar las cosas, porque piensa: «¿Para qué?».

A mi amigo le preocupaba su vida lo suficiente como para echarle un vistazo y admitir que no funcionaba, pero por muchas soluciones que supiese, no lograba realizar el esfuerzo para ejecutarlas. Simplemente no tenía el coraje para actuar. Compartí con él lo que el anciano chamán me había dicho en la jungla, que podemos tener lo que queremos o las razones por las que no podemos tenerlo. Mi amigo escritor siguió escogiendo las razones por las que no podía: «No tengo ni el tiempo ni el dinero».

Cuando lanzamos agua fría a cada oportunidad que la vida nos ofrece para arreglar una situación, nos agotamos a nosotros y a todos los que tenemos alrededor. Cuando somos apáticos, contamos con una interminable lista de excusas por las que no podemos actuar. La gente que nos quiere y que nos quiere apoyar se cansa y nos evita porque no puede soportar escuchar otro motivo por el que no tenemos poder para cambiar nuestra vida.

La apatía es lo contrario del coraje. Nos hace tan cobardes que flotamos por nuestras vidas como fantasmas, desconectados de cualquier tipo de propósito o pasión. Nos inquietamos por todo lo que está mal en el mundo y en nuestras vidas, pero no podemos reconocer que podríamos marcar la diferencia. No encontramos el coraje para cambiar, y tampoco nos molestamos en buscarlo.

Cuando vivimos sin coraje, creamos una pesadilla para nosotros, pero podemos no verla como tal. Puede que no estemos inmersos en la ira, helados de miedo o deprimidos; de hecho, puede que incluso nos sintamos divertidos, contentos o felices en ocasiones... pero inevitablemente experimentamos momentos en los que somos conscientes de lo limitadora y opresiva que es nuestra situación. Como si estuviésemos atrapados en la niebla, nos sentimos completamente impotentes: parece que no podemos correr más rápido, que si pedimos ayuda nuestra lengua no funciona o nadie nos escucha, o que la gente que viene a ayudarnos lo hace por su propio interés, pisoteando nuestros límites y entrometiéndose en nuestra intimidad. Cediendo a la apatía nos impedimos imaginar cómo podría ser nuestra vida. Vivimos en que no tenemos suficiente tiempo o dinero o en que estamos demasiados gordos o flacos para cambiar cualquier cosa, o empezamos a fantasear que alguien o algo nos rescata de nuestra tristeza e impotencia.

En el momento de lucidez en un mal sueño, cuando reconoces que estás en una situación aterradora, de repente te encuentras con los ojos abiertos, esperando que el miedo y la impotencia se disipen, mientras te aseguras que ahora estás a salvo y que has regresado a la «realidad». Pero ¿qué ocurre si tu pesadilla se está desarrollando en tu vida de vigilia? Ese momento de lucidez no viene para sacarte de la escena en la que tu pareja te dice: «Ya no te quiero», o tu médico te confirma: «Lo siento, es cáncer». Tu sufrimiento se siente completamente real, y no ves ningún modo de transportarte a una realidad mejor.

Al igual que cuando estás dormido, el momento en el que eres consciente de tu pesadilla de vigilia es el momento en que tienes la posibilidad de cambiarla. Sin embargo, es importante reconocer que el poder de voluntad y la creencia constante no son suficientes para alterar los hechos de tus circunstancias materiales de ninguna manera significativa. Si fuese así de fácil, simplemente podrías acumular tu determinación y tu intención para legarte un boleto de lotería ganador y un certificado de legitimidad sanitaria perfecto.

Las fantasías de cuento de hadas tampoco funcionan porque implican soñar desde un lugar en el que se está dolido o sin curar; al final, el príncipe nunca aparece o se vuelve a convertir en rana después del tercer beso. Pero si ensueñas una nueva realidad para ti en el interior, los sucesos externos comenzarán a alinearse con el cambio que has hecho por dentro. Podría pasar lentamente, pero también podrías sorprenderte de lo rápido que cambian tus circunstancias. Además, al ensoñar con valentía, es decir, vivir una vida en sincronía con el deseo que tu alma tiene de paz, significado y felicidad, te encontrarás empezando a sentirte feliz y realizado sin importar lo que esté ocurriendo a tu alrededor. Dejarás de sentirte atrapado en aquella pesadilla.

Nuestras pesadillas personales

Todos nacemos con dos montones de maletas que arrastramos con nosotros: nuestro equipaje psicológico y el genético. Ambos legados son responsables de los guiones de nuestras pesadillas personales. Los temas psicológicos se entretejen en las historias que contamos de nuestras vidas y examinamos en el diván del terapeuta: nuestra madre era demasiado exigente, nuestra autoestima sufrió, nunca tuvimos fe en nosotros mismos, y somos incapaces de ser honestos en nuestras relaciones o de perseverar en nuestras metas. Esas historias también impactan en nuestro campo de energía luminoso (CEL), el cuerpo de luz que recubre tu cuerpo físico como si fuese una segunda piel.

De hecho, los chamanes los ven como temas kármicos, que ellos perciben energéticamente, como oscuras huellas en el CEL.

Tu CEL organiza tu cuerpo del mismo modo que los campos de energía de un imán organizan las limaduras de hierro en un vaso de cristal. Sin embargo, tu CEL también da forma a tus pensamientos, sentimientos y comportamientos; éstos, a su vez, coreografían a la persona por la que te vas a sentir atraído, con la que vas a salir y te vas a casar. En última instancia, es la información codificada en tu CEL lo que te predispone hacia un tipo de trabajo y jefe particular, y determina los temas que surgirán en tu relación con tu pareja.

El CEL es el instrumento mediante el cual creas el mundo ensoñándolo. Está compuesto de luz y vibración, por lo que cualquier cosa que vibre en él, la creas en el mundo. Tu incapacidad para perdonar a tu madre y seguir adelante provoca una marca en el CEL que permanece ahí después de que muere tu cuerpo físico, de manera que te la llevas a la próxima existencia. Esa herida te atraerá a los padres de los que nacerás, para manifestar la familia que te permitirá la posibilidad de sanarte de tu karma. Si no aprovechas la oportunidad y escoges permanecer atascado en la antigua creencia de «mamá arruinó mi vida» o «la cigüeña me dejó caer en la casa equivocada», la herida permanece sin curar, acabas con las razones por las que no puedes tener lo que quieres y tu pesadilla continúa (los psicólogos llaman a eso «compulsión a la repetición»). Puedes aprovechar la oportunidad para sanar o puedes permanecer atrapado en la misma vieja pesadilla.

Los chamanes sanan las heridas kármicas utilizando técnicas especializadas para trabajar con energía a fin de limpiar las huellas oscuras en el CEL, porque contienen información que produce enfermedades. He llegado a entender que el ADN es el *hardware* que crea al cuerpo manufacturando proteínas, mientras que el CEL es el *software* que proporciona las instrucciones al sistema. Cuando limpiamos el CEL, ya no estamos condenados a revivir las dolencias de nuestros padres o a llevar el antiguo equipaje kármico vida tras vida. Dejamos de arrastrar las cadenas de nuestras historias. (Un chamán podría limpiar la huella de una herida kármica desde el CEL mediante «el Proceso de Iluminación», que describo en detalle en mi anterior libro, *Chamán, sanador, sabio*.)

Una herida en nuestro cuerpo energético puede manifestarse también en nuestro cuerpo físico, en los órganos y sistemas. Incluso puede afectar a nuestro ADN, creando un legado genético para nuestros hijos. Todos llevamos genes que nos predisponen a una variedad de dolencias, que aparecerán en nuestro cuerpo físico si llevamos un estilo de vida en concordancia con nuestra herida kármica. Por ejemplo, si llevamos el código para la diabetes tipo 2, se manifestará si continuamos la tradición de nuestra familia de recompensarnos y consolarnos con comidas dulces y grasas.

Conozco a un hombre que, como su padre, bebía demasiado, fumaba mucho y reprimía el resentimiento de que su gran oportunidad de carrera profesional se le había ido de las manos. A los 59 años, el padre había sufrido un grave infarto que le había matado. A los 59, al hijo le diagnosticaron una enfermedad coronaria, pero evitó el infarto después de someterse a un cuádruple *bypass*. El gen del infarto había pasado de padre a hijo, también el legado psicológico, kármico: los comportamientos de beber, fumar y de represión emocional que eran parte de la creencia de pesadilla de «perdí mi oportunidad».

No todas las enfermedades son obra del karma; algunas son verdaderamente causadas por toxinas medioambientales que nos afectan, mientras que otras son el resultado de estilos de vida destructivos y no tienen un elemento hereditario. Pero sea cual sea nuestro legado genético, podemos evitar que cree enfermedades u otras pesadillas personales. Eso lo hacemos al sanar el CEL mediante las prácticas de vivir la verdad, limpiar nuestro río y estar dispuestos a morir en cualquier momento, preparando la escena para un nuevo y mejor ensueño. (Explicaré estas prácticas en la tercera parte.)

Nuestra pesadilla cultural

Además de nuestras pesadillas individuales, compartimos la colectiva del materialismo y la conformidad. El sueño americano fue una vez de oportunidad y libertad expresadas en una miríada de formas. Los inventores del *blues*, el *jazz* y el *rock and roll* no tuvieron la «libertad de la preocupación económica», la libertad de escoger entre diversos colores de un iPod o cualquier otra de las llamadas libertades que los anunciantes nos prometen, pero sí tuvieron la libertad de crear música atrevida y original. Desgraciadamente, lo que fue en su día un noble objetivo de logro mediante el trabajo duro y la determinación se ha deteriorado en una pesadilla cultural que produce mediocridad.

A partir de la primera infancia, se nos alimenta con un conjunto de expectativas que la mayoría de nosotros no nos molestamos en cuestionar hasta el día en que nos despertamos y decidimos que nuestra vida no nos está funcionando. Incluso con todos los cambios sociales por los que hemos pasado como civilización en los últimos cincuenta años, nos encontramos fácilmente comprando ideas preparadas de antemano acerca de cómo deberíamos vivir nuestras vidas y medir nuestra valía y felicidad.

Cuando suscribimos la pesadilla colectiva, nos convencemos de que podemos evitar el sufrimiento trabajando duro para conseguir un trabajo ligeramente mejor, un hogar y un coche ligeramente mejores, una colección de cosas ligeramente mejor que la del vecino y una pareja romántica ligeramente más atractiva que la que sentimos que merecemos. Es decir, determinamos nuestra felicidad por cuánto progreso hemos hecho hacia la gran meta de consecución de material perdurable. Si podemos mudarnos de un apartamento alquilado a una propiedad asequible y de ahí a una casa grande con un enorme terreno antes de los 35, es señal de que estamos viviendo bien nuestra vida. Podemos sentirnos bien con nosotros mismos por haber alcanzado lo que es, después de todo, el *nuevo* sueño americano.

No nos permitimos pensar si el estilo de vida particular en el que nos hemos metido nos está haciendo felices o si algo radicalmente diferente podría ser más gratificante para nosotros. Si nuestro impulso hacia delante se pierde (la pareja nos abandona, el trabajo se vuelve infernal, una crisis de salud se lleva la atención y el dinero que hemos destinado para conseguir nuestra meta de felicidad y salud...), nos sentimos fracasados. Nos medimos por nuestros logros y nuestra productividad (por cuánto *estamos haciendo*) en lugar de concentrarnos en nuestro crecimiento emocional y espiritual, y disfrutar del proceso de aprendizaje, descubrimiento y maduración.

Se nos ha enseñado que pensar en nuestros problemas y examinarlos desde todos los ángulos nos ayudará a cambiar nuestros hábitos y a crear vidas más satisfactorias, pero nos quedamos tan atascados en la pesadilla al *pensar* demasiado como al *hacer* demasiado. Cien años después de que Sigmund Freud presentase el psicoanálisis al mundo, hemos construido un vocabulario común para ayudarnos a entender y a hablar de cada una de nuestras preocupaciones, grandes o pequeñas. Si bien es fantástico que seamos más autoconscientes de lo que solíamos ser, la llamada terapia hablada en realidad no nos ha curado nuestro miedo... ni tampoco nos ha mostrado cómo vivir una vida con coraje.

¡El problema es que estamos centrados en los problemas! Toda nuestra energía se va en pensar, darle vueltas e intentar arreglar nuestras preocupaciones. Lo que deberíamos estar haciendo es cambiar nuestra percepción a un nivel más elevado para que podamos beneficiarnos de nuestro coraje e imaginar un mundo que esté asediado de cosas, y ensoñarlo realmente para crearlo. Cuando operamos desde un nivel de conciencia más elevado, dejamos de percatarnos de los *problemas* y en su lugar percibimos *situaciones* que no son ni buenas ni malas; simplemente son. Cuando hacemos eso, empezamos a ver que existe una oportunidad en cada situación si simplemente la contemplamos desde un punto de vista diferente.

Permanecer estancados en nuestras mentes (lo que yo llamo el nivel del «jaguar») nos mantiene enfocados intentando superar nuestros obstáculos al crear seguridad en el mundo material. Pensamos que el éxito económico nos protegerá del daño, de estar sin comida y techo, y de tener que depender de otros para nuestras necesidades cotidianas. Desgraciadamente, esos sueños son insostenibles; incluso si somos capaces de reunir unos ahorros tan grandes que no pudiésemos gastarlos en una vida, no nos protegerían de poder caer enfermos terminales o de perder a un ser querido en un accidente. Además, si todo el mundo lograse el nivel de riqueza material al que pensamos que deberíamos aspirar, el impacto en el entorno global sería devastador. Imagínate a todos los habitantes de la India y China viviendo con la esplendidez de los que vivimos en los Estados Unidos. El sueño americano de realismo material no es realista a largo plazo y, de todas formas, no está haciendo felices a los americanos.

También consideramos el éxito social como una forma de seguridad, por lo que ansiamos ser queridos y admirados. De hecho, mucha gente hoy en día sueña ser famoso porque cree erróneamente que ése es el pasaporte al amor y la admiración eternos. Sin embargo, el coste de la aprobación de los demás puede ser intolerablemente alto. No existe seguridad en el mundo material, por mucho que nos guste creer que lo contrario es cierto.

Con el coraje del alma, no nos definimos por casas grandes, coches bonitos, fama mundial o posición social, pero sí podemos disfrutar de todo eso. Contemplamos los lirios del campo y cómo no se mueven con dificultad ni se retuercen, sino que prosperan en fuerza y abundancia. Sí, dirigimos nuestras necesidades y alcanzamos cierto confort en el mundo material, pero básicamente estamos preocupados por el ansia del alma de expresar la mayoría de nuestros dones y talentos y participar en la creación de un mundo mejor. Ensoñamos el mundo en el que nos gustaría vivir. Nuestros sueños dejan de ser metas que ansiamos y empiezan a convertirse en una manera de vivir. Dejan de estar arraigados en miedos de carencia y escasez, y se enraízan en el amor y la abundancia. Y mientras los sueños del alma nos sirven para nuestras necesidades como individuos, también sirven al mundo. Son ensueños sagrados; frescos, creativos, y capaces de infundirnos pasión y coraje para actuar.

Sueños no creativos

A diferencia de los ensueños sagrados, las metas que nos ponemos no tienden a ser muy creativas. Por mucho que intentemos imaginarnos cómo manifestar la felicidad en nuestras vidas, a menudo no tenemos el coraje o la creatividad para concebir una manera de vivir radicalmente diferente. Más que cuestionar las expectativas que hemos estado llevando desde la infancia, la mayoría de nosotros simplemente secunda la pesadilla de la «mediacridad», es decir, una cultura de la conformidad determinada por los medios de comunicación que pretende celebrar la diferencia, la diversidad y la creatividad pero que en realidad promueve la pertenencia y la seguridad hasta el extremo. Nos volvemos temerosos de romper el molde y de hacer cualquier cosa verdaderamente diferente.

Eso no quiere decir que no nos creamos superiores a los demás. El escritor y locutor radiofónico Garrison Keillor se burlaba de esa fantasía sobre nosotros mismos en su descripción del utópico Lake Wobegon, un pueblo ficticio en Minnesota donde «todos los niños están por encima de la media». Por supuesto, es imposible que todo el mundo esté por encima de la media. No podemos cambiar las leyes de la estadística y de las campanas de Gauss: el bulto está en el medio, donde nos encontramos la mayoría, no en el extremo alto de la inteligencia o el logro. Podríamos intentar mover toda la gráfica hacia la derecha para que todo el mundo fuese más inteligente, creativo o productivo (o tuviese un poco más de cualquier cualidad que admiramos), pero eso no satisfaría nuestra necesidad de ser «especiales».

Queremos creer que «yo y sólo yo» es lo suficientemente afortunado como para estar en la parte derecha de la gráfica, en la categoría por encima de la media. Ésa es la mentalidad que ha llevado a la simplificación de las pruebas de capacidad académica tantas veces durante las últimas décadas. Nuestros adolescentes preuniversitarios parecen estar haciéndolo mejor que antes porque sus notas son bastante impresionantes. Si bien a los profesores no se les engaña en absoluto, como cultura disfrutamos de la falsa convicción de que nuestros chavales se están volviendo más listos.

Siempre que surgen dudas acerca de nuestra peculiaridad (nuestro lugar por encima de la media en aquella gráfica), nos volvemos vulnerables al dominante mensaje de la publicidad: que podemos recobrar nuestro estatus utilizando nuestro poder de consumir. Si sentimos que nos estamos haciendo indistinguibles con respecto al tipo de la puerta de al lado, se nos dice que puede encontrarse una solución fácil obteniendo un objeto de consumo de masas que captará nuestra singularidad y nuestro «estilo personal». Sacamos las tarjetas de crédito y empezamos a adquirir falsos símbolos de nuestra creatividad, importancia y peculiaridad.

Siempre me fascinan los anuncios de coches, que son fundamentalmente grandes máquinas que tragan combustible fósil mientras los conducimos del punto A al B. En los anuncios son vehículos mágicos que nos transportan a otro mundo en el que la gente atractiva cae sobre nosotros, los árboles se inclinan con el viento al pasar junto a ellos (aunque, en realidad, los gases del tubo de escape los están matando) y las canciones de *rock and roll* de nuestra juventud retumban en nuestros oídos hinchándonos de vitalidad. Como prometía un anuncio: «Éste no es el Oldsmobile de tu padre». Podemos hacer una declaración de nuestro sentido personal del estilo con cualquiera que sea el coche más atrevido y diferente de este año.

Pero si tuviésemos una originalidad real, no estaríamos conduciendo para nada. En Holanda, el 40% de la población va en bicicleta al trabajo, pero los americanos tienden a pensar que las bicis son para los críos o para el tiempo libre. Nos gustan los coches grandes, y abrazamos por completo nuestra cultura del coche a pesar de su coste. Imaginar otro modo de desplazarse parece imposible.

Asimismo, nos hemos convencido de que no podemos crear significado o gozo sin el trabajo duro y la competitividad representada por todas las cosas de nuestros exhibidores, estantes, armarios, desvanes, sótanos y garajes. En los Estados Unidos el consumismo se ha convertido en el nuevo opio del pueblo... o puede que en el opio «nuevo y mejorado». Para superar nuestro cinismo, los anunciantes y los medios de comunicación han vuelto a empaquetar el consumismo hábilmente. No sólo compramos cosas, sino cosas de «edición limitada». Pero si hay muñecas de edición limitada en las estanterías de las tiendas de todo a cien, ¿cómo de raras y coleccionables podrían llegar a ser nuestras posesiones más preciadas?

Y no sólo compramos objetos para otorgarnos estatus o para intentar no ser menos que el vecino. No, ahora compramos lo que muestra nuestro impecable gusto y nuestra capacidad de permanecer en la vanguardia; nos enorgullecemos de saber cuál es la nueva página web más visitada y el último chisme de moda. No nos aficionamos a los antiguos anuncios de televisión y los carteles publicitarios. Queremos nuestros anuncios más pequeños, confeccionados para nuestras especificidades demográficas, y que aparezcan en nuestra página de inicio diseñada personalmente. Disfrutamos anunciando y enterándonos de lo que podemos comprar. Recientemente, un estudio de Nielsen Company acerca de grabadores de televisión como TiVo descubrió que, en contra de los temores de los anunciantes, la gente mira casi la mitad de los anuncios durante la reproducción grabada en lugar de evitarlos.

Nos gusta creer que no es el consumismo de nuestros padres, pero lo es... y es tan vacío e insatisfactorio ahora como lo fue entonces.

Cuando nos quedamos paralizados en una pesadilla, no tenemos ninguna noción acerca de cómo podemos disfrutar una sensación de propósito sin contar con la aprobación de todos. Las madres sienten que tienen que ser perfectas, los padres sienten que tienen que ser todo lo que no fueron sus padres y la gente joven siente que tiene que estar al día en cada área de sus vidas para cuando se avecine su décimo reencuentro del instituto. Pensamos que con la correcta reputación siempre tendremos la seguridad de estar rodeados de personas a quienes importamos y que nos colman de admiración.

Mirar fuera de nosotros para sentirnos validados no funciona muy bien. Incluso nuestros admiradores y seguidores más fieles puede que no estén ahí para siempre; es posible que en el fondo estén celosos de nosotros y preparen a escondidas un sabotaje o una traición, o que se vuelvan contra nosotros cuando finalmente encontramos el coraje para vivir una vida más creativa. Cuanto más sanos y equilibrados nos volvemos, más atraemos a gente que refleja nuestra salud y equilibrio, y más falsos amigos empezarán a alejarse. Pero mientras secundemos la pesadilla, nuestros llamados seguidores esperarán que nos aferremos al statu quo y evitemos soñar con una vida diferente.

Es hora de despertar de la pesadilla en la que hemos estado participando, de liberarnos de la necesidad de triunfar en el molde mediocre, y crear un sueño más creativo.

Profecías autorrealizables

Perpetuamos nuestras pesadillas personales y culturales cuando no reconocemos nuestro papel en la co-creación de la realidad. Nuestras creencias subconscientes, que a menudo están arraigadas en el miedo en lugar del coraje, crean profecías autorrealizables. Pero no comprendemos el poder de nuestras expectativas de bien o mal.

En la década de los sesenta, dos investigadores sociales llamados Robert Rosenthal y Lenore Jacobson llevaron a cabo un experimento en una escuela primaria de San Francisco. La dirección aceptó permitir a los niños realizar un particular test de inteligencia; después, los investigadores informaron a los profesores que el test no sólo había medido la inteligencia, sino que también predecía qué estudiantes podrían realizar grandes avances en capacidad intelectual.

En realidad, el test no hizo tal cosa. Los investigadores habían escogido al azar los nombres de unos pocos estudiantes y manifestaron a los profesores que aquéllos eran los niños y las niñas que se beneficiarían enormemente de sus talentos. Un año después todos los niños hicieron un segundo test de CI, y los que supuestamente tenían un tremendo potencial para el logro lo hicieron mucho mejor que sus compañeros. De hecho, el personal docente dijo que aquellos estudiantes eran mejores lectores, se comportaban mejor, estaban más comprometidos con la escuela, y eran intelectualmente más curiosos e incluso más sociables que los otros. Los profesores habían hecho de sus suposiciones inconscientes sobre aquellos niños y niñas en particular una realidad, y sus expectativas se convirtieron en una profecía autorrealizable.

Como esos estudiantes, la mayoría de nosotros queda encerrado en un destino concreto por las expectativas que nuestros padres y la cultura tienen de nosotros, tanto si es positiva como negativa. En poco tiempo interiorizamos esas creencias y nos convertimos en una versión de lo que se espera que seamos; no importa si es cierto para quienes somos y qué es lo que queremos en realidad. Algunos de nosotros nos rebelaremos contra la sociedad, pero aun así, permaneceremos atrapados en el bucle porque, más que ser creativos, simplemente estamos haciendo lo opuesto de lo que se nos ha dicho que hagamos. Estar continuamente con rebeliones viscerales es sólo otro tipo de pesadilla.

Por mucho que nos irrite ajustarnos a las expectativas de nuestra cultura, nuestros padres, nuestra clase social y nuestros vecinos, creemos que será difícil encontrar el coraje para desafiarlos de verdad. Al poco tiempo, normalmente cuando llegamos a los 20, la mayoría de nosotros nos rendimos y nos convencemos de que todo el mundo debe de tener razón; después de todo, no tenemos lo que se necesita para cumplir nuestros objetivos secretos, y es hora de dejar nuestras «fantasías infantiles». Nos ponemos a trabajar en serio y nos concienciamos para buscar la pareja correcta y establecer todos los símbolos del nuevo sueño americano. Pronto empezamos a sentirnos deprimidos y atrapados, pero seguimos viviendo de la misma manera y esperando que las cosas cambien. Una vez escuché que la definición de *locura* era «hacer lo mismo una y otra vez esperando un resultado diferente». Si es así, estamos todos locos.

Para prever con nuestros ojos *y* corazones abiertos, para cocrear una nueva realidad ensoñando con valentía, tenemos que deshacernos de las expectativas de nuestra pesadilla cultural. De lo contrario, manifestaremos las mismas heridas antiguas una y otra vez, atrayendo hacia nosotros situaciones y personas que nos desafiarán para sanar nuestro karma al fin. Una vez empecemos a despertar de la pesadilla, podemos tejer ensueños creativos que no estén deformados por los fracasos que experimentamos en el pasado, y ya no sentiremos que tenemos que cambiar la gente y las situaciones en nuestras vidas con la esperanza de arreglarnos a nosotros. Sólo cuando nos demos cuenta de que no hay nada en nuestra existencia que requiera «arreglarse», seremos libres para cambiar.

Co-creando una nueva realidad

El secreto de ensoñar es que no nos enfoquemos solamente en un nuevo trabajo o un nuevo coche o una nueva pareja. Cuando intentamos hacerlo, el ensueño fracasa, y nos despertamos para darnos cuenta de eso cinco años o dos hijos más tarde. No podemos ensoñar sólo la visión concreta; más bien debemos idear todo un nuevo mundo, y entonces todos los detalles se cuidarán de sí mismos. Ninguno de nosotros puede microadministrar la creación; sólo podemos poner grandes fuerzas en movimiento. Siempre que los detalles de nuestra visión no estén funcionando será una señal de que no estamos ensoñando con suficiente perspectiva.

Cuando ensueñas un mundo nuevo, tu co-creador es el universo, la fuerza creativa que hace crecer árboles de semillas y galaxias y de polvo de estrellas. Es la fuerza que a partir de un espermatozoide y un óvulo creó un embrión humano y diseñó tu ADN, además del misterioso activador que le dice a cada célula cuál es su trabajo, si se supone que debe especializarse en transportar oxígeno, como un glóbulo rojo, o producir hormonas, como una célula glandular. Utilizas la inteligencia del universo, y ella conspira a tu favor organizando el mundo natural para que refleje tu ensueño.

No hay duda de que los humanos hemos creado el caos y la belleza del mundo en que vivimos: es nuestro ensueño manifestado. Desde los cuidados jardines hasta la sobrepoblación y la contaminación industrial, desde las calles abarrotadas de China hasta el derretimiento de los glaciares y el oso polar en el zoo de Central Park, todo lo que percibimos es la creación de la humanidad trabajando en conjunto con (y a menudo enfrentada a) el universo. Hemos hecho cierto nuestro mandato de la Biblia de disponer de las plantas y los animales como nos plazca, y el mundo natural ha respondido a nuestras elecciones. Nuestra huella está por todas partes.

Hemos creado el mundo moderno con toda su belleza y terror. También hemos moldeado el mundo natural con sus ballenas y mariposas para ajustarlo a nuestras necesidades, pero en realidad no lo hemos creado. ¿O sí? Algunos físicos han postulado «el principio antrópico» para explicar las extrañas y extremadamente improbables coincidencias que tuvieron que darse para que hubiese vida inteligente. Es como si el universo hubiese conspirado para crear este perfecto y altamente improbable equilibrio de fuerzas que llevaría a la vida.

Los creacionistas explican esa improbabilidad diciendo que un dios coreografió toda la danza de la existencia, mientras que los evolucionistas dicen que deberíamos asumir que el sol, la Tierra y la vida que evolucionó en nuestro planeta son el resultado de sucesos aleatorios. Como humanos tendemos a percibir las cosas de manera dualista, como si un bando tuviese razón y otro no, pero el dualismo sólo es el resultado de nuestro deseo de querer meter la realidad en un perfecto y diminuto embalaje. Puede que ambos bandos sólo vean parte de la historia; puede que lo que ocurrió cuando todo era un vacío, como parte de la fuerza de la creación, es que nuestra conciencia participase en la gloriosa obra de arte conocida como universo. La conciencia se expresó en el mundo físico como la Vía Láctea, los cinturones de asteroides y la mezcla perfecta de elementos que llevaron a la creación de los seres humanos con la capacidad de preguntarse cómo llegamos aquí. Podría ser que seamos parte del Creador y de la creación al mismo tiempo, y que participemos en una danza de evolución que es brillantemente lógica y enigmática a un tiempo.

Si bien la cuestión de si nos inventamos a nosotros mismos es interesante, la mayoría estamos más preocupados de si podemos ensoñar el mundo de manera diferente a un nivel personal.

¿Podemos crear las familias, los estilos de vida, el significado y el propósito que deseamos? ¿O estamos a merced de fuerzas mucho mayores que nosotros que esculpen y dan forma a nuestro destino? ¿Somos una pieza más en el engranaje de una máquina o nos pertenecemos a nosotros mismos y tenemos un destino personal que podemos modelar y afinar?

Podría parecer que toda la evidencia se amontona en contra de que los individuos tengamos algo que decir sobre el transcurso de nuestro propio destino, de que estamos enamorados de una ilusión que nos proporciona una falsa sensación de estar en el asiento del capitán cuando en realidad nos encontramos en un barco sin timón. Podemos aceptar con dignidad lo que el destino nos ofrece, o podemos cambiar nuestra percepción. ¿Podríamos haber creado el universo ensoñándolo aun sin ser capaces de cambiar ni un ápice de nuestras propias vidas?

Somos capaces de gobernar el barco de nuestra vida e incluso invocar al viento para que cambie su dirección, pero hacerlo requiere tranquilos actos de coraje. Requiere liberarse de la necesidad de mover los vientos para nuestros propósitos y escoger moverlos para un bien común. Requiere que aceptemos la responsabilidad por lo que podemos cambiar en lugar de eludir las consecuencias. Y sobre todo, requiere que tengamos cuidado con lo que deseamos, porque lo que ensoñemos, lo crearemos.

Realidad y percepción

Vivimos nuestras vidas confiando en que hay cosas sobre las que todo el mundo puede estar de acuerdo. Un trozo de madera es un trozo de madera, y los humanos de todo el mundo entienden eso. También reconocemos sus propiedades: tiene un peso pero puede flotar, puede quemarse cuando está seco, y cosas así. Según la física newtoniana, una rama de la ciencia que explica los fenómenos naturales, podemos predecir lo rápido que caerá el trozo de madera desde cierta altura. No hay un gran misterio en ese tronco que podamos ver, tocar, oler, probar e incluso oír cuando cae al suelo. Entendemos y estamos de acuerdo en el hecho de que la madera es un objeto sólido con ciertas características. En el nivel de conciencia en el que la mayoría operamos, la madera es muy real y muy dura, y no queremos que un buen trozo de ella nos caiga en la cabeza.

Por el contrario, en la mecánica cuántica, la rama de la ciencia que explica cómo funciona nuestro mundo en un nivel subatómico, las antiguas ideas sobre la realidad salen volando por la ventana. Aquel mismo trozo de madera, por ejemplo, no tiene características fijas. La unidad de materia más diminuta, más pequeña que un átomo, es la partícula; por tanto, la madera está hecha principalmente de aire lleno de una nube zumbante de partículas en continua vibración. Una partícula es un difícil y pequeño trozo de «materia»; si observamos su localización en cualquier momento, no tendremos modo de medir su velocidad. Si medimos la velocidad de la partícula, es imposible determinar dónde está. Entonces, como he mencionado antes, la misma naturaleza de la partícula a menudo cambia cuando es observada: puede adoptar las características de una onda, la unidad de energía más pequeña, y luego volver a ser una partícula, la unidad de materia más pequeña.

Dada esa muy diferente «realidad» en el nivel subatómico, ¿es correcto decir que nosotros los humanos somos criaturas sólidas, compuestas de aire y un montón de partículas vibrantes, o que somos seres de energía, formados de muchas ondas de energía? ¿Podríamos ser ambas cosas, cambiando continuamente de un estado al otro? ¿Un trozo de madera es un objeto sólido o es sólo como lo percibimos? ¿Qué podría ocurrir si lo percibiésemos como un conjunto de ondas, como un conjunto de energía?

No estoy sugiriendo que al cambiar nuestra percepción, un trozo de madera modificará su naturaleza en el mundo físico (aunque algunos de los chamanes que he conocido afirman que es el caso). Si nos cae en la cabeza, sentiremos dolor; eso es un hecho en el nivel físico. Pero en un nivel de realidad diferente, algo más sucede cuando el trozo de madera nos golpea. Llegamos a explicar la experiencia mediante ideas, sentimientos y metáforas. Determinamos el significado del trozo de madera en nuestras vidas escribiendo una historia.

Podríamos pensar que es una rama muerta que se ha soltado del árbol a causa de un fuerte vendaval, cayéndonos encima. Podríamos sentir que es un maldito trozo de madera dura que nos ha hecho daño y nos ha puesto de mal humor. Podríamos percibirlo como un toque de atención que nos saca de nuestros pensamientos y nos devuelve al mundo físico, donde necesitamos estar en ese momento, por lo que nos alejamos del vendaval y nos ponemos a cubierto antes de que nos golpee una rama más grande. El trozo de madera podría ser un recordatorio del hecho de que no estamos prestando atención a la vida. Cualquiera de esas historias podría ser cierta: tenemos el poder de determinar cuál es la que queremos crear para explicar el porrazo que nos ha dado una rama en la cabeza.

La mayoría de las veces los hechos con los que estamos tratando se sienten tan sólidos como un trozo de madera. Los hechos podrían ser que tenemos niños pequeños que dependen de nosotros y un salario que no es suficiente para pagar las facturas mensuales. Los hechos podrían ser que experimentamos niveles de azúcar bajos y altos en nuestra sangre y tenemos una enfermedad que los médicos llaman «diabetes», y que si no prestamos atención a nuestra comida, al ejercicio y a los niveles de insulina, podríamos causarnos un daño prolongado. Esos hechos no desaparecen en el mundo material al igual que el trozo de madera. Sin embargo, nuestros hechos no son nuestras historias, sólo son los ladrillos, las palabras que ponemos juntas para escribir nuestra historia de ser víctima de la pobreza y la mala salud, o de ser un superviviente que supera obstáculos, domina las dificultades, mantiene una actitud optimista y da a sus hijos mucho amor. Nuestra situación podría ser difícil, pero es sólo una pesadilla si escogemos hacerla nuestra realidad. Al coger los hechos y escribir una nueva historia con ellos, podemos crear una experiencia de la realidad diferente.

Capítulo dos

Los guiones de nuestras pesadillas

No vemos las cosas como son;
las vemos como somos.
Anaïs Nin

Los investigadores han descubierto que nuestras mentes crean de manera natural narraciones en torno a los hechos de nuestras vidas, y la manera en que nos contamos nuestras propias historias influye considerablemente en cómo nos vemos a nosotros mismos y en cómo nos comportamos. Cuando el tema recurrente de nuestros relatos es el triunfo sobre la adversidad, y describimos los problemas como apareciendo de manera inesperada y recordamos ahora cómo los superamos, somos capaces de experimentar bienestar y de sentirnos esperanzados con el futuro. Nos movemos hacia delante con confianza y corremos riesgos. Sin embargo, cuando nuestras historias se enfocan en el área oscura de cada nube (los sucesos que «arruinaron» cualquier momento de felicidad), es probable que experimentemos problemas anímicos y nos sintamos infelices, impotentes y apáticos.

Este capítulo ayudará a arrojar algo de luz a los guiones negativos a los que nos hemos esclavizado.

Atrapados en los tres arquetipos

Ninguno de nosotros empezó como pesimista. De hecho, la mayoría una vez creyó que podríamos disfrutar de un cuento de hadas de maravilla y gozo con interminable diversión durante todo el día y fuegos artificiales cada noche. Pero entonces la vida ocurrió.

Si examinamos las historias que contamos como adultos, casi siempre encontramos que son variaciones de temas antiguos que han sido representados a través de la historia mediante fábulas y cuentos de hadas. Mientras crecíamos, sin saberlo nos quedamos atrapados en una de las tres historias arquetípicas que nos prometían alegría pero acababan proporcionando sufrimiento.

Los tres cuentos de hadas que se convirtieron en guiones para nuestros malos sueños son:

1. La historia del rey Midas, que se transforma en la pesadilla titulada «No tengo suficiente».
2. La historia del rey León, que se transforma en la pesadilla titulada «Soy demasiado viejo y mi hora ha pasado».
3. La historia de Cenicienta, que se transforma en la pesadilla titulada «Estoy demasiado herida para tener poder».

Una vez reconocemos que estamos viviendo según uno de esos guiones arquetípicos, podemos escoger conscientemente hacerlo pedazos y empezar con una nueva historia. Pero primero debemos ser honestos acerca de cuánto nos amoldamos a una fantasía de cuento de hadas en lo que respecta a lo que nos hará sentirnos felices y realizados.

El toque dorado del rey Midas

Según el mito, el rey Midas era un buen gobernante que mostró hospitalidad hacia Sileno (preceptor y leal compañero de Dionisio) cuando se emborrachó y se quedó dormido en el jardín de rosas de Midas. Dionisio, que es principalmente conocido como el dios del vino y el jolgorio, quería recompensar al rey por su generosidad hacia su amigo; pero ese dios también es conocido como guardián de las tradiciones mistéricas, y representa el éxtasis sagrado de la creatividad y la espiritualidad. Cuando Dionisio le preguntó a Midas, que ya era un gobernante rico, qué regalo deseaba, el rey escogió uno material en lugar de algo relacionado con las artes o el espíritu, lo cual Dionisio le habría podido otorgar. El dios, a su pesar, le dio al mortal el regalo del toque dorado. Cualquier cosa que el codicioso rey tocase la convertiría en oro puro, convirtiéndole en el hombre más rico del mundo.

Midas estaba encantado de observar que la hierba bajo sus pies se volvía dorada y vio cómo el arroyo en el que metió la mano se transformaba en un río de riqueza. Todo era maravilloso hasta que Midas tuvo hambre y decidió que era hora de cenar. Escupió inmediatamente el vino de su copa, pues se había vuelto oro líquido, completamente imbebible. Y cuando tocó la comida de su plato, al instante la dejó incomible. La bendición de Midas en seguida se convirtió en una maldición, pues nadie se atrevía a acercársele por temor a ser transmutados en estatuas de oro, y por mucha riqueza que tuviese, estaba condenado a estar hambriento, solo e insatisfecho.

En una versión del mito, después de que Midas haya sido miserable durante años y haya vivido aislado del mundo, su hija le ruega que rece a Dionisio para que le libere de esa maldición. El dios le dice que debe bañarse en un río sagrado y devolver su regalo a las aguas para que su riqueza pueda fertilizar la tierra. Eso libra en efecto a Midas del toque dorado, y como anciano finalmente es capaz de disfrutar de la belleza de su reino.

La historia del rey Midas es una metáfora del sentido de carencia que sentimos en nuestras vidas. Como aquel mortal, debemos aceptar que no hay escapatoria de esta dura realidad: nada ni nadie puede llenar el vacío creado por la creencia de que no tenemos suficiente –suficiente dinero, belleza, juventud, encanto, amor, poder y cosas así.

Como el rey, todos incurrimos en el favor de Dionisio cuando somos jóvenes. El aspecto festivo del dios concede nuestros deseos en la juventud, por lo que nos dedicamos al jolgorio y a las relaciones sexuales y a darnos la gran vida. Pero entonces nos enfrentamos a la necesidad de crecer y madurar porque no podemos continuar de fiesta toda la vida. Aquellos que intentan hacerlo lentamente entran en una espiral descendente de decadencia y degeneración mientras la fiesta se pone fea. La mayoría de nosotros tiende a escoger el mismo deseo que Midas: el toque dorado. Vemos cómo podemos ganar un puesto, riqueza e influencia; y el dios parece conceder nuestros deseos mientras empezamos a experimentar éxito financiero y profesional.

Pero el toque dorado que adquirimos es a costa de perder parte de nuestra alma, la parte representada por Dionisio en su papel de guardián de las tradiciones místericas. Empezamos a olvidar el otro tipo de riqueza que él podría otorgarnos: la capacidad de experimentar las riquezas que son espirituales, no físicas. Nos distanciamos de los «grandes» experimentados a favor de aquellos implicados de manera activa en vivir artística y creativamente. No nos permitimos el éxtasis de la meditación y la plegaria; en su lugar, gravitamos hacia la «intoxicación» del vino y las medicaciones que embotan nuestros sentidos.

Como en el mito, debemos reconocer que estamos hambrientos y sedientos de un tipo de sustento diferente. Si no, la gente se distanciará de nosotros como lo hicieron con Midas en la historia, y nos encontraremos cada vez más aislados y rodeados sólo por los objetos que hemos acumulado. Entonces, en algún momento podemos rezar pidiendo ayuda, reconociendo que necesitamos utilizar nuestras riquezas y talentos para reponer la Tierra. Podemos buscar experimentar el tremendo gozo, la energía y el entusiasmo de la creatividad y la espiritualidad; utilizando esos regalos para actuar de maneras que afecten el mundo para bien, plantando semillas de cambio.

Sin embargo, si no seguimos ese modo de actuar, caeremos en la pesadilla de creer que si podemos sólo alcanzar más riqueza material, categoría o importancia, finalmente estaremos satisfechos. Cuando no buscamos ayuda de lo divino, que puede guiarnos para liberarnos de nuestra maldición, nuestro toque empieza a convertirlo todo en porquería. (Si miras hacia atrás a tu propia vida, verás cuándo tuviste el toque dorado y luego lo perdiste e intentaste desesperadamente recuperarlo.)

Todos experimentamos ese toque dorado a veces y ansiamos recuperar nuestra juventud, nuestra popularidad, nuestra reputación o cualquier cosa que estábamos convencidos de que era la clave de la felicidad. Pero a diferencia del rey Midas, una vez nos damos cuenta de que hemos perdido ese toque, no hay nadie que nos rescate de nuestra angustia. Nos quedamos atrapados esperando que alguien nos salve de nuestra maldición. Cuando el matrimonio fracasa o la compañía en la que hemos invertido quiebra, experimentamos desesperación, pánico y resentimiento. Nos damos otro paseo por el centro comercial o por la página de citas *online* con la vana esperanza de que podamos adquirir algo o alguien que calme nuestro sufrimiento.

Cuando tememos que no tenemos suficiente (tiempo, dinero, amigos, amor, poder y cosas así), estamos participando en la pesadilla de la escasez. Muchos de nosotros vamos a comprar cada día, no porque tengamos que hacerlo sino porque queremos creer que si compramos algo, tendremos «suficiente». Adquiriremos demasiada ropa, juguetes y regalos para nuestros hijos y amigos porque esperamos que nuestra generosidad será «suficiente» para ganar su aprobación y gratitud. Pintaremos y empapelaremos o nos esforzaremos por pagar una hipoteca demasiado cara en una casa colosal, deseando en todo momento que nuestro hogar sea «lo suficientemente bueno» para recibir e impresionar a los vecinos con él. Pero no importa cuánto gastemos o lo bien que detectemos las gangas, nunca tendremos suficiente.

El error es pensar que podemos arreglar nuestro «problema» de no ser o tener bastante con el remedio de la abundancia material. Acumular muchas cosas y luego gastar más dinero por una sensación de carencia no curará la maldición de Midas. En su lugar, al igual que el propio rey, podemos escoger ensoñar una vida en la que *estamos* lo suficientemente felices y satisfechos, sin importar lo que tengamos.

Para despertar de una pesadilla como ésa, tienes que rechazar el guión mal escrito que establece: «Si tuviese _________, podría crear felicidad duradera». Sólo entonces puedes imaginar cómo sería una vida saludable, vibrante y satisfactoria. Cuanto más tiempo te centres en la visión de que eres suficiente y que estás rodeado de abundancia, más fácil será comenzar a manifestar tu ensueño en el mundo físico.

El momento de reclamación del rey León

Otro mito que sin darnos cuenta recreamos en nuestras vidas es el del rey León. La historia, que fue convertida en una película de Disney y en un clamoroso musical, trata de un cachorro de león que escapa del plan de su malvado tío para matarle y tomar posesión del trono de su padre. El joven huye a la maleza, donde crece en compañía de un humilde jabalí y otras criaturas del bosque. Al final, olvida que es el heredero de un reino, hasta que su amada le encuentra y le recuerda su ascendencia y posible grandeza. El joven león regresa entonces para desafiar a su tío y reclamar su real derecho de nacimiento y su poder.

Esta pesadilla, también conocida como «Mi hora llegará», es una de la que muchos hombres en nuestra cultura caen presa mientras ansían el momento en el que su importancia les será reconocida. O la pesadilla les hace creer que «el próximo negocio en el que estoy trabajando será el bueno y me proporcionará el lugar que merezco en la vida».

Un hombre mirará con frecuencia a su pareja buscando inspiración y motivación para manifestar su grandeza, haciendo bueno el dicho de que detrás de cada hombre de éxito hay una mujer maravillosa. Un hombre puede buscar a una mujer que le dé confianza o le inspire a ser majestuoso. Pero eso tiende a ser una tarea de enormes proporciones para una mujer, porque tiene que hacer las veces de madre con su compañero mientras conserva su atracción hacia él y le cría desde cachorro hasta ser príncipe y luego rey. La mujer que firma para hacer este tipo de tarea pone su propia vida en suspenso y vive a través del éxito de su marido. Y si el león macho no triunfa, culpa a la hembra del fracaso.

Los hombres no son los únicos que se quedan atrapados en esa pesadilla; las mujeres también pueden ser seducidas por la llamada de la importancia. Como todo el mundo tiene tanto un aspecto femenino como masculino en su psique, la parte masculina es particularmente vulnerable a la pesadilla del rey León. De manera que cuando una mujer sucumbe al poder de este mito, ha de reclutar el lado femenino de su psique para que vaya en su ayuda, porque no tiene una «esposa» externa que la apoye en su búsqueda del logro. Eso se dará a un alto precio. El lado nutricio femenino será puesto en peligro y se endurecerá, haciendo que ella al final se vuelva más amarga al estar exclusivamente al servicio del lado masculino que busca realización y reconocimiento.

Existe otro modo por el cual una mujer sucumbe a este mito. Podría ver el potencial de grandeza en el hombre al que ama, mientras él es incapaz de reconocerlo en sí mismo o no está dispuesto a hacerlo. Por mucho que ella intente ayudar a su pareja a crecer y tener éxito, él continúa rechazando su ayuda. Para una mujer eso es un golpe del que es muy difícil recuperarse, porque al poco tiempo desarrollará desprecio hacia su pareja y le perderá el respecto por completo.

La pesadilla del rey León es una trampa mortal para hombres y mujeres que sienten como si la vida les debiese algo o tuviese algún secreto prestigio mundial guardado para ellos. Por supuesto, la vida nos ofrece la posibilidad de grandeza, pero es de la variedad creativa y espiritual. Cuando no estamos a la altura de nuestro sentido interior de potencial, nos quedamos con la sensación expresada por Marlon Brando en *La ley del silencio* de que podría haber sido un «aspirante».

Al no reconocer la pesadilla, un hombre atrapado en la fantasía del rey León se centrará en su Némesis, representada en el mito por el malvado tío. Se convencerá a sí mismo de que si pudiese eliminar el horrible y dominante macho que tiene la posición y el poder que él quiere, podría reclamar su legítimo trono, así que aguarda el momento adecuado y espera su oportunidad... pero nunca llega. Ese hombre podría ser su padre, su jefe o incluso un rival sentimental.

Con el tiempo, nos damos cuenta de que a diferencia del joven rey León, estamos atrapados en una pesadilla titulada «Soy demasiado viejo y mi hora ha pasado». La razón es porque el cuento de hadas nunca se hace realidad en la vida real. No recuperamos el reino porque no podremos volver a tener 22 años, con un mundo de posibilidades desplegándose ante nosotros. Aguardando el momento oportuno, nos sentimos abrumados por el temor de que todas las puertas se están cerrando. Nos encontramos preocupándonos por lo mayores que somos, por lo cansados que estamos y por el hecho de que ya no podemos competir. Siempre hay alguien más joven que nosotros que aceptará un salario más bajo o podrá ofrecer un cuerpo más trabajado a una potencial pareja sentimental.

Muchos de mis clientes son de la generación del *baby boom*, superan los 50 y quieren desesperadamente reinventar sus vidas aunque se aferran testarudamente a la pesadilla de «soy demasiado viejo y mi hora ha pasado». Temen deshacerse de ella y vivir creativamente o correr riesgos. Cuando por fin salen de ese cuento de hadas, encuentran que sus años más creativos están aún por venir.

Luego está lo que una amiga psicóloga especializada en problemas de compromiso me dijo: que si bien son pesimistas sus clientes de 30, 40 y 50 años en cuanto a encontrar compañía, los que expresan la mayor ansiedad acerca del tema son los que están en la veintena. La creencia de que el tiempo se ha acabado y de que es demasiado tarde para lograr el sueño de uno puede afectarnos a cualquier edad, y dejarnos fríos de miedo y de falta de confianza en nosotros mismos. Mi madre encontró amor a los 79 años, pero me apuesto a que cuando tenía 22 se sintió amenazada por todas las núbiles de 17 años con las que ella creía estar compitiendo.

Nos sentimos viejos no porque tengamos una edad en particular, sino porque creemos que ha pasado nuestra hora de algún modo. No entendemos los ordenadores o los videojuegos, ni podemos identificarnos con las películas de esta generación. Dejamos de descubrir cosas nuevas o de desafiarnos a correr riesgos. En lugar de eso, sintonizamos la emisora de música antigua y declaramos que toda la música actual es espantosa. Empezamos a reenviar molestos correos electrónicos acerca de nuestros endebles recuerdos y nuestras entumecidas articulaciones porque estamos convencidos de que el deterioro inevitable ya ha comenzado.

Pero nadie apoya la idea de que cuanto más mayor te haces, más envejeces. Conozco a gente de 80 años que son mucho más divertidos que muchos treintañeros porque abrazan la vida con pasión. Sienten que sus mejores años aún están por llegar, que los mejores libros están por escribirse y la mejor música por componerse. Que tengan unas rodillas más entumecidas o menos resistencia física pueden ser hechos, pero no son parte de una historia titulada «Me estoy adentrando poco a poco en las sombras de la muerte, y es todo cuesta abajo».

Existen segundas oportunidades en la vida (e incluso terceras, cuartas y quintas), pero cuando estamos atrapados en la pesadilla del rey León sentimos que no es cierto. Recordemos que la pesadilla es lo que ocurre cuando el cuento de hadas no acaba de la manera en que se suponía que debía acabar. Por tanto, por mucho que podamos querer aprovechar una nueva oportunidad, cuando aparece no tenemos el coraje para actuar porque estamos atrapados en el viejo dicho de «oh, yo no valgo para eso. Lo intenté una vez y fallé». El temor a fracasar completamente nos paraliza. La pregunta que deberíamos estarnos haciendo no es: «¿Es demasiado tarde para empezar a vivir una vida de pasión y propósito?», sino: «¿Cómo empiezo hoy?».

Es cierto que no todas las oportunidades vendrán a nosotros. Por ejemplo, no puedes convertirte en una bailarina famosa a los 42 años si nunca has hecho una clase de *ballet*, pero si estás decidida a conseguir la esencia de tu sueño (como la aspiración de bailar y actuar), empezarás a ver maneras en las que puedes manifestarlo. No tienes por qué crear una pesadilla en la que tu vida se ha acabado mucho antes de que tu cuerpo empiece a deteriorarse. Puedes mantener una sed de nuevas experiencias y un sentido de maravilla por la vida misma.

El zapato de cristal de Cenicienta

En la historia de Cenicienta, una muchacha trabajadora y de buen corazón es maltratada por su madrastra y sus hermanastras, que hacen de su vida un infierno. Pero una mágica noche, el hada madrina de Cenicienta la rescata de su sufrimiento al transformar una calabaza en una carroza, ratones en cocheros y los andrajos de Cenicienta en un precioso vestido y zapatos de cristal. Entonces la muchacha tiene la oportunidad de asistir al baile en el palacio, ganar el amor del príncipe y convertirse en la reina del lugar.

Aunque Cenicienta ha sido maltratada por su familia, el príncipe no la ve como a una muchacha herida, sino como a una hermosa y respetable pareja de baile. Así, cuando llega el momento en que el hechizo se acaba y Cenicienta huye de noche con lo puesto, el príncipe recoge delicadamente el zapato de cristal que se deja y promete encontrar a su princesa cueste lo que cueste. Busca por todas partes, y al final coloca el zapato en el delgado pie de una pobre muchacha harapienta, y cuando descubre que ella es la bella mujer de la que se enamoró aquella noche de luna, se la lleva felizmente a la vida de riqueza y comodidad que se merece.

Muchas mujeres creen ser una Cenicienta actual, maltratada e ignorada pero destinada a experimentar su momento de magia y a ser rescatada por un apuesto y rico príncipe (o al menos un trabajo glamoroso). Desgraciadamente, cuando el hechizo desaparece a media noche y el príncipe resulta ser una rana con problemas de bebida y un pasado de deudas, no hay rescate. Nadie viene porque la muchacha está demasiado herida para encontrar ese zapato de cristal, reclamarlo como suyo y pedir las llaves del castillo. Cenicienta se queda atrapada en la pesadilla conocida como «Estoy demasiado herida para tener cualquier tipo de control sobre mi vida».

Como en el cuento de hadas, una mujer atrapada en este arquetipo a menudo culpará a las otras mujeres de sus males: la malvada madrastra que la obliga a ser alguien diferente a quien es en realidad se convierte en la madre que nunca apreció realmente a su maravillosa hija. Las crueles hermanastras son ahora otras mujeres que suprimen el potencial de Cenicienta diciéndole que no es lo suficientemente buena para ganar el corazón de un príncipe o conseguir una vida de poder en el palacio. Las mujeres que están sufriendo debido a sus propias heridas actuarán a menudo con malicia o competitividad, yendo tan lejos como para ser completamente maliciosas al intentar sentirse mejor diciéndole a su amiga que está soñando demasiado. Incluso las que quieren ser cariñosas y comprensivas hacia otras mujeres pueden reforzar las creencias destructivas y descorazonadoras de sus amigas, que advierten que «no hay hombres buenos» y «es un mundo de hombres, así que prepárate para sufrir».

Una variación masculina del tema de Cenicienta es la de Spiderman, Superman y otros superhéroes de cómic que tienen la suerte de adquirir poderes mágicos y la admiración de todos los ciudadanos de la Tierra. Pero no pueden tener parejas sentimentales porque cualquier mujer que se enamore de ellos está condenada a ser destruida. Lois Lane y todas las demás chicas tienen que ser apartadas o, si no, salen malparadas, y los superhéroes nunca pueden hacerles saber cuánto suspiran por ellas.

Esta historia, que se va reciclando en los cómics y en las películas, resuena en el hombre que no puede imaginar que podría haber una mujer que pudiese aceptar a un superhéroe con problemas y arreglárselas bastante bien. Al contrario, la creencia de «a pesar de la apariencia de que soy poderoso, estoy demasiado herido para encontrar la felicidad… Fastidiaré las cosas y me volveré de nuevo miserable», lo atrapa en otra pesadilla de victimismo.

Escapando de la pesadilla de victimismo y de impotencia

Estar herido emocionalmente es un hecho para mucha gente, del mismo modo que el dolor es parte de la existencia humana. Sin embargo, convertirse en una víctima como resultado de esa herida es el marco de ese hecho. Cogemos nuestro dolor y creamos una historia exótica de sufrimiento y victimismo. No es suficiente con que nuestros padres se divorciasen cuando teníamos 7 años y no llegásemos a ver a papá tan a menudo como queríamos; no, nos decimos a nosotros mismos, a nuestra potencial pareja sentimental y a nuestro terapeuta que «tengo problemas de intimidad desde que mi padre nos dejó solos a mi madre, a mis hermanos y a mí». Nos encanta añadir detalles para darle cuerpo a la historia y crear un drama que nos atrape.

La historia del victimismo se ha vuelto omnipresente, creando una cultura de la impotencia que se expresa de muchas maneras. Hablamos de nuestros temas y nuestros problemas con extraños cercanos para que comprendan por qué no podemos hacer tareas complicadas como esperar nuestro turno o tender hacia nuestras necesidades en lugar de esperar que alguien más se ocupe de ellas. El movimiento de autoayuda está plagado de personas que malgastan toda su energía explorándose a sí mismas y sus «temas», afilando sus historias una y otra vez en lugar de escapar de ellas. Como una mujer que conocí en una fiesta, que me dijo a modo de presentación: «Casi no vengo esta noche porque sufro de baja autoestima».

Incluso a aquellos que ridiculizan la cultura del victimismo les gusta definirse como víctimas de otras personas que sólo afirman ser víctimas. Competimos para ver quién soporta la carga más pesada: ¿quién ha sufrido más?, ¿a quién le matan los dolores?, ¿quién tiene una excusa mejor para no ser el primero en decir «lo siento»? Buscamos en el archivo de nuestra mente que dice «Historias de mis heridas» y sacamos un montón de ellas para mostrárselas a los demás, afirmando que nuestras historias demuestran que merecemos piedad, alojamiento especial y escapar de la responsabilidad en nuestras relaciones.

Validar nuestro dolor puede ayudarnos a descubrir nuestras virtudes y a aprender lecciones valiosas, pero cuando empezamos a estar en connivencia con la pesadilla de hallarnos tan heridos como para poder recuperarse, nos quedamos emocional, mental y espiritualmente traumatizados. Una vez más apoyamos nuestra propia impotencia y nos quedamos paralizados.

Tres personajes tipo

Para ser una víctima se requiere un autor. Si queremos compadecernos de nosotros mismos, hemos de tener a un matón al que culpar por nuestro lamentable estado de impotencia, y si no podemos identificar a uno, tenemos que inventarlo. Después de haber encontrado a un matón, debemos inventar la posibilidad de rescate. Necesitamos a un *deus ex machina* o un «dios surgido de la máquina» que pueda aparecer en nuestras vidas y arreglar todos nuestros problemas. Ansiamos un papaíto, un príncipe azul o un ángel de la compasión que nos salve.

Los Guardianes de la Tierra dicen que en todas las historias que escribimos para explicar nuestra realidad aparecen el conquistador, el indio y el sacerdote. El conquistador es un tipo malo que persigue a la desventurada víctima india, cuya única esperanza es ser salvado por el noble sacerdote. Estos personajes tipo se comportan predictiblemente y crean las mismas tramas trilladas; hasta que nos deshagamos de ellos, nos encontraremos atrapados por esas mismas tramas.

En nuestras propias historias personales y cuentos de hadas utilizamos los similares arquetipos del matón, la víctima y el salvador: en la historia del rey Midas el matón es Dionisio, la víctima es el rey y el salvador es la joven hija de Midas, que le dice que presente su caso ante Dionisio. En el rey León, el matón es el malvado tío, la víctima es el cachorro y el salvador su amada. En la historia de Cenicienta, los matones son la madrastra y las hermanastras, la víctima es Cenicienta y el salvador el noble príncipe. Es preciso señalar que todas las historias están escritas desde el punto de vista de la víctima. De igual modo, tendemos a diseñar nuestras pesadillas con nosotros como víctimas de alguna cruel persona o suceso terrible. El problema es que cada vez que nos pintamos de esa manera, estamos escribiendo historias de impotencia y apatía. La víctima en nosotros describe las razones por las que no podemos tener lo que queremos.

Pero a veces la historia está escrita desde el punto de vista del matón, especialmente hombres a quienes les gusta creerse poderosos y justos guerreros que tienen justificada su severidad y su afán de venganza. Cuando nos encontramos presumiendo del gran trato que acabamos de cerrar, de cómo hemos derrotado a nuestro adversario o de cómo hemos superado una enfermedad, nos estamos identificando con el conquistador. Luego, de nuevo, podemos escoger escribir la historia desde el punto de vista del salvador, porque queremos congratularnos por cómo estamos salvando a nuestra pareja de sí misma o sacrificando noblemente nuestras vidas y nuestra independencia por nuestros hijos.

En realidad, esos tres personajes son intercambiables, y cambiamos de papel, yendo de la víctima al noble salvador de otras víctimas, o del noble salvador al furioso matón con pretensiones de superioridad moral. Por ejemplo, después de los ataques terroristas del 11-S sobre las torres gemelas de Nueva York y el Pentágono en Washington, D.C., todo el planeta apoyaba a los Estados Unidos. Nosotros los americanos teníamos una buena voluntad política tremenda por todo el planeta y, junto con casi todo el mundo, nos creíamos las víctimas de un trágico suceso.

Pero en sólo unos pocos meses dilapidamos aquella buena voluntad, y ahora la gente de diversas partes del mundo perciben a los Estados Unidos como a un matón que está lanzando su peso por todas partes y dañando a ciudadanos inocentes mientras intenta en solitario limpiar el planeta de «tipos malos» y hacerlo un lugar seguro para la democracia. Mientras tanto, muchos americanos justifican la tortura y la violación de los derechos humanos porque se ven a sí mismos como justos guerreros contra el terrorismo. Ninguna de esas historias (de americanos como víctimas, salvadores o matones) parece estar ayudando al planeta a crear un mejor sueño, sino un interminable ciclo de sufrimiento y venganza.

Como verás en el próximo ejercicio, empezarás a descubrir qué papel te asignas de los tres roles arquetípicos y a reconocer lo inútiles y paralizantes que son las viejas historias con tus propios Midas, Cenicienta y rey León.

Ejercicio: descubriendo al matón, la víctima y el salvador en tu historia

Escribe la historia del último ultraje que hayas sufrido, sin ahorrarte los detalles mientras cuentas tu historia trágica. Adórnala con tu plan de venganza, describiendo justo lo que harás para volver las tornas y transformar a tu perpetrador en víctima. Explica cómo te vas a salvar tú o alguien de esa situación u otra similar.

Tu historia podría tener un aspecto como éste:

El idiota del entrenador de fútbol de mi hijo se negó a dejarle jugar en su posición favorita. Ayer mi hijo estaba llorando por eso. Yo estaba furioso y le dije que la próxima vez que tuviese entrenamiento, le diría a aquel entrenador lo que pensaba de su estúpida decisión de dejar que otro chaval jugase en esa posición.

O bien:

Mi ex marido perdió los importantes papeles que necesitábamos para presentar la declaración de la renta este año, y mi contable me dice que tenemos que recuperar de alguna manera o podrían auditarnos. Llamé a mi ex y le dije que estaba cansada de que su irresponsabilidad jodiese mi vida, y me llamó puta y me colgó. Me aterroriza que me investiguen y estoy dispuesta a matarle. No importa lo que haga, él tiene el poder de arruinar mi vida y amargármela.

Ahora escribe tu lista de personajes, identificando quién está retratado en los papeles de víctima, matón y salvador. Date cuenta de que la misma persona puede interpretar diferentes roles en diferentes partes de la historia, cuando la víctima se enfada tanto que se convierte en un matón, o el menosprecio salvador se transforma en la víctima. Mira atentamente tu historia y pregúntate si alguien está haciendo un papel que no sea de víctima, matón o salvador.

¿Cuál es el título de tu historia? Debería ser el nombre de un problema, por tanto la primera historia podría llamarse: «No están siendo justos con mi hijo», mientras que la segunda podría ser: «Mi ex me está amargando la vida». El título es tu manera de definir los hechos de tu relato de tal manera que crea un problema.

El problema real es que estás confundiendo tu historia con la realidad. Tu narración es una pesadilla de sufrimiento de la que no puedes escapar mientras te aferres a ella. Tu ex no te está amargando la vida; *tú* te la estás amargando. Él sólo está siendo él mismo, que es por lo que te divorciaste de él en primer lugar. Pero incluso si ya no estás viviendo con él, aún está jugando el papel que le has asignado.

Fíjate bien en tu historia y piensa en si hay algún modo de resolver tu problema dentro de esa historia mediante alguna acción que puedas llevar a cabo. ¿Esa acción te haría representar una vez más el papel de víctima, matón o salvador? Si es así, simplemente estás escribiendo otro capítulo en tu pesadilla con el que tendrás que vivir.

En un capítulo posterior escribirás un nuevo guión para esa historia, uno en el que ya no adoptes el papel de víctima, matón ni salvador, ni nadie más lo hace.

Liberándote de cadenas kármicas

Las historias que suscribes se convierten en tus pesadillas en vigilia y te impiden ver tu poder para ensoñar y crear. Se convierten en un equipaje kármico. Como un fantasma arrastrando pesadas cadenas, llevas el peso de tus sagas allí donde vas; se manifiestan una y otra vez en tu vida, aunque los detalles pueden variar aquí y allá. De hecho, los psicólogos clínicos admitirán en secreto que en ocasiones tienen que esforzarse para permanecer despiertos durante sus sesiones con los pacientes porque aunque éstos creen que sus historias personales son interminablemente dramáticas, en realidad son las mismas historias manidas que se cuentan una y otra vez.

Nuestras narraciones forman la base de nuestra mitología personal. El padre que intenta rescatar a su hijo del entrenador de fútbol lo más probable es que esté utilizando al niño para aliviar su propia historia de no haber sido bien tratado en su juventud. La mujer cuyo ex marido le está amargando la vida y que fantasea una venganza está intentando aplacar la sensación de estar fuera de control en su propia vida mediante su antiguo marido. Ambos están utilizando al «otro» para intentar sanar sus propias heridas.

Si bien a veces tenemos el coraje para liberarnos de nuestras historias kármicas y psicológicas, normalmente sólo acabamos la situación y la recreamos en otra área de nuestras vidas. El nuevo jefe es tan matón como el antiguo; sólo nos incordia de un modo diferente. La nueva novia adopta la forma de nuestra desgraciada ex mujer. O volvemos a experimentar nuestra conflictiva relación con papá mediante la que tenemos con nuestro hijo, nuestro socio o incluso nuestro presidente.

La manera de romper esas cadenas kármicas es dejar ir las innumerables razones por las que no puedes tener lo que quieres. Las razones como las que siguen están en el centro de tu historia:

- Como mis padres eran críticos, no puedo sentirme bien conmigo mismo. No soy «bastante».
- Como me han discriminado antes, he perdido las oportunidades que me habrían permitido mejorar mi vida. Soy viejo y mi hora ha pasado.
- Como no puedo tener lo que quiero, estoy demasiado herido para crearme felicidad.

Al mirar los hechos aparentemente inalterables de tu vida, podrías decir: «Pero no estoy poniendo excusas. Esos hechos son reales». Y puede que verdaderamente sean muy reales para ti. Sin embargo, es fácil confundir el pasado con el presente y el futuro, percibir hechos en una realidad fija cuando puede que no sean hechos para nada. Tus «hechos» son simplemente creencias originadas de recuerdos.

Tu cerebro no distingue entre lo que está ocurriendo en el momento presente y lo que estás experimentando al contar de nuevo una historia del pasado. Los neurocientíficos están descubriendo que, a un nivel sináptico, un suceso real y uno recordado se registran en el neocórtex y el sistema límbico de la misma manera, con la misma intensidad. Los deportistas profesionales saben que para rendir al máximo necesitan empezar visualizándose completando un descenso de *slalom* perfecto o golpeando la pelota de golf hasta el *green*. Los deportistas que se ven a sí mismos recibiendo una medalla de oro no lo hacen tan bien como los que se visualizan haciendo una buena carrera, porque los primeros están ensoñando deseosamente mientras que los segundos están preparando las rutas neurales para una carrera exitosa.

De hecho, cada ver que revives una vieja herida, se refuerza esa ruta neural. Así, siempre que vuelves a contar la historia titulada «Mi profesora de tercero me dijo que era un holgazán y que nunca llegaría a nada», la angustia que sientes no es de las antiguas heridas que se reabren, sino del nuevo dolor creado mientras sueltas la historia. Puede que pienses que sólo estás desahogándote y liberándote de la antigua vergüenza y furia, pero tu cerebro sabe que es otra cosa. Das vida a la historia al infundirle energía y hacerla tu realidad hoy.

En otras palabras, cuanto más nos repetimos historias tristes, más grabamos los surcos por esas rutas neurales. Con el tiempo se convierten en los canales a los que van a parar nuestras experiencias y percepciones, siguiendo el camino de menos resistencia. Canalizamos buena parte de nuestros estímulos sensoriales y el modo en que interpretamos el mundo por esas pistas neurales; por eso superponemos la cara de nuestra ex mujer en la de nuestra nueva novia o la de nuestra malvada madre en la de nuestro jefe.

A lo largo de los años, muchos artistas, creadores de mitos y líderes religiosos han comprendido instintivamente que el cerebro no puede diferenciar entre un suceso «real» y uno «percibido». Crearon rituales o representaciones públicas que permitían a una comunidad sacar a la superficie oscuros sentimientos de agresión, dolor o reconciliación. El teatro kabuki de Japón es un ejemplo excelente: el kabuki se originó a principios del siglo XVII como una forma de comedia, pero después de la terrible desgracia soportada por los japoneses en la Segunda Guerra Mundial, los actores de kabuki se volvieron rígidos y constreñidos, con movimientos truncados y gestos casi de dolor por parte de los actores que representaban la pérdida sufrida por su nación. De modo similar, el teatro griego proporcionaba curación y alivio a la gente. Incluso la misa católica en su esencia aporta una liberación de los elementos sombríos: el dolor, el sufrimiento y la violencia que yacen en todos nosotros y que escondemos en las sombras de nuestra conciencia porque nos incomodan mucho. Si miras atentamente una misa católica, verás que está repleta de imágenes de gran angustia transformada en gozo por la resurrección de Cristo. Muchos rituales religiosos permiten al cerebro reconocer, sentir y trabajar nuestras emociones dolorosas de un modo arquetípico.

Cuando eres incapaz de liberarte de tu sufrimiento, se vuelve como un demonio que no has exorcizado, un monstruo enloquecido que está esperando ser soltado. Puedes arrojar fuera de ti ese demonio nombrándolo, algo como: «Mi necesidad de hacerle entender a mi ex mujer que es un bicho raro irracional», y luego ordenarle que salga de tu psique. Pero no podrá ser desterrado hasta que sea reemplazado por algo nuevo y más potenciador. Por ejemplo, si el teléfono suena y el localizador de llamada muestra que está llamando tu ex mujer, no tienes por qué sacar el viejo guión y empezar a pensar: «Oh no, es ella. Me va a decir que piensa que desatiendo a los niños y me voy a sentir furioso y herido. Es lo que hace siempre». En lugar de eso, puedes preparar la escena para que se desarrolle una nueva historia, otorgándote el papel de un hombre que se responsabiliza de sí mismo pero no asume las cargas de otros. Puedes abrirte a la posibilidad de que tu ex no te ataque porque ya no llevas la diana en la espalda.

Tomar la elección de romper con el antiguo guión, incluso en un pequeño momento como éste, requiere mucho valor. Requiere que observes la historia que surge al instante y te liberes de la necesidad de sentirte sano y salvo, ya que esta necesidad hace que adoptes la pose defensiva. Sabes muy bien que tu anterior esposa puede que empiece a acusarte de algo, pero al asumir que ése sea el caso, te preparas para actuar en ese guión. Como tienes una dinámica con ella establecida hace mucho tiempo, ella seguirá con su papel para interpretar el guión, del mismo modo que un músico escuchará los primeros compases de una pieza de música y se unirá a ella de manera instintiva. La tendrás al decir «hola» y ninguno de los dos olvidará ni una línea de vuestro guión.

Cuando tienes el coraje de dejar tus expectativas negativas y dices: «Hola, ¿cómo estás hoy?» y te permites de verdad abrirte a lo que venga, despiertas de la pesadilla. Puedes escuchar la sarcástica acusación que te suelta, pero no le asignarás el papel de matón ni a ti el de víctima. Ni siquiera te verás tentado a adoptar el rol más noble y aparentemente poderoso del salvador, comentándole lo atrapada que está en su drama y esperando arreglarla. En vez de eso, puedes crear un nuevo y mejor ensueño titulado «Mi ex mujer y yo estamos creando paz» e invitarla a participar en él. Ella podría rechazarlo, pero es su decisión. Tú puedes escoger otra cosa.

La naturaleza fugaz de los hechos

Como tenemos una necesidad tan fuerte de lo conocido, nos resistimos a admitir que la gente y las situaciones puedan cambiar. *Todos los hechos son impermanentes*; cuando aceptas eso, puedes liberarte de esa aterradora sensación de que no tienes la capacidad para reinventar tu vida o cambiar tus circunstancias. Por muy fija que parezca la realidad en este momento, recuerda que incluso los glaciares se mueven con el tiempo. Los hechos son tan dinámicos que la realidad está continuamente en movimiento. Cuando la realidad parece estar congelada en un sitio, es una ilusión creada por nuestras historias. El compañero de trabajo que decimos que nos tormenta se va a otra empresa, pero nos agarramos a nuestro rencor de aquel día hace dos años cuando vertió café en nuestro proyecto. Nos aferramos a nuestras percepciones mucho después de que los hechos mismos hayan cambiado, y eso nos petrifica la realidad.

Una de mis clientas superó una grave crisis de salud pero siguió con la creencia de que el propósito de su vida era sobrevivir, lograr vivir un día más sin sucumbir a su enfermedad. Recuperó su salud, pero pensar en su futuro y en lo que quería hacer entonces con su vida le resultaba extremadamente difícil. Tenía que liberarse de su antigua historia (de que estaba enferma y necesitaba todo el coraje y la fuerza que tuviese para luchar en su estado) y aceptar la nueva situación (que estaba sana y que tenía un futuro en el mundo físico). Se había familiarizado con su rol de superviviente y de luchadora, pero ahora tenía que descubrir el significado sin la necesidad de la enfermedad.

Cuando más mayores nos hacemos, más nos damos cuenta de que el cambio tiene lugar, a veces de manera misteriosa y con el ritmo más extraño. Nos sentimos completamente atrapados en un trabajo, analizamos la situación interminablemente y al final llegamos a la conclusión de que no tenemos opciones, sean las que sean. Insistimos en que la única manera de permanecer en nuestra carrera profesional es soportando a un jefe despótico en el trabajo porque las únicas otras compañías con puestos similares se encuentran en otra ciudad, y a nuestro hijo no le gustaría mudarse. Entonces, para nuestra sorpresa, el jefe es despedido, una nueva compañía se traslada a nuestra área o nuestro hijo se siente mal en la escuela, y sus mejores amigos se van a vivir a otro sitio, por lo que está al final dispuesto a mudarse.

Si sólo tenemos el coraje para liberarnos de las narraciones y los recuerdos, y aceptamos que la gente y las circunstancias han cambiado, no sustituiremos inmediatamente una nueva lista de excusas por la razón por la que no podemos tener lo que queremos.

Lazos que atan energéticamente

Si te aferras a tu historia incluso después de que los hechos y las circunstancias cambien, creas huellas en tu campo de energía luminoso (CEL) así como cordones energéticos que te amarran a los actores del drama. Los cordones que te unen a esos individuos son filamentos de energía que pueden permanecer mucho después de que tu relación con ellos haya cambiado. Los chamanes son capaces de sentir esas conexiones hasta el punto de que pueden decir quién está en el otro extremo de la cuerda que llevas atada al cuello. Así que incluso cuando ya no estés furiosa con tu antigua mejor amiga, con quien dejaste de hablarte hace años, puede que tengas un cordón que te ate a ella que mantiene esa relación, y tu karma con ella irresueltos. Es lo que provoca que te enojes mucho cuando te enteras de que ha herido a otra persona, o cuando te recuerdan una discusión que tuviste con ella cuando aún erais amigas. Esos cordones son como tubos de alimentación, que utilizas para continuar nutriéndote con la agria leche de la ira y el resentimiento.

Si no cortas la unión con tu ex amiga, acabarás recreando una situación similar en tu vida para encontrar perdón y paz.

También continuarás aferrada a la historia conocida como «Ella me hirió, y yo soy una víctima». Entonces cada vez que vuelvas a contar la vieja historia, incluso si es sólo para ti, crearás nuevos sentimientos de tristeza, ira y resentimiento, reforzando así lo que te está atando a ella. (También harás más profunda la huella en tu CEL que creaste en tus interacciones con ella.) La marca en tu CEL puede ser tan fuerte que sólo necesitas oír el nombre de tu antigua amiga para enfurecerte al instante.

Podemos incluso permanecer energéticamente atados a otras personas después de que mueran, recordando el dolor que nos causaron en lugar de recordar las lecciones que nos dieron. Esos tipos de conexiones tóxicas son muy comunes en Occidente, donde consideramos a nuestros ancestros responsables de lo que nos va mal hoy. Esos cordones pueden mantener a los muertos atrapados entre los mundos, incapaces de encontrar descanso o paz. Entonces se convierten en espíritus atados a la tierra que rondan nuestras casas y nuestras vidas, amarrados a nosotros por nuestras heridas.

Un lazo energético que te ata a alguien puede consumir tu energía vital, casi como si tuvieses un parásito. Continuará existiendo mientras permitas que tu aterradora historia se reproduzca una y otra vez. Eso me recuerda a una clienta que tuve en una ocasión, a quien veía una vez al año o algo así. Estaba constantemente discutiendo con su madre acerca de los hombres con quienes tenía relaciones, porque la madre de esa mujer creía que ningún hombre que le gustase a su hija era lo suficientemente bueno.

No había visto a mi clienta durante un año cuando entró en mi despacho un día y simplemente anunció: «La bruja por fin ha muerto», queriendo decir que su madre había fallecido hacía unos meses. Desde entonces mi clienta no había podido dormir bien y había mantenido relaciones con tres «chicos malos», tal como los llamaba ella. Todos eran hombres que parecían fantásticos durante los primeros días y semanas de la relación pero luego se volvían abusivos con ella.

Cuando le exploré su CEL, me di cuenta de que tenía un enorme cordón atado en el corazón que la conectaba con su madre, que era incapaz de dejarla en paz incluso después de muerta. (Por supuesto, mi clienta había continuado demostrando que su madre tenía razón.) Durante nuestra sesión, tuvimos que cortar la cuerda que mantenía atada a esa mujer con su progenitora. También le pedí que le diese las gracias por todo su amor y consideración, por mal encauzados que estuviesen a menudo. Luego necesitaba decirle a su madre que estaba bien volver a casa, al mundo del espíritu, adonde ahora pertenecía. Poco después, mi clienta me contó que empezó a dormir bien otra vez. También dejó de sentirse atraída por los hombres «incorrectos».

Si sospechas que tienes una atadura energética hacia otra persona que te está consumiendo, el siguiente ejercicio de perdón te ayudará a liberarte del dolor y el desgaste de energía de esa conexión.

Ejercicio: cortando los lazos que atan

Si bien existen técnicas chamánicas para cortar las cuerdas que nos atan energéticamente a otra persona, también podemos deshacer esos lazos mediante la práctica del perdón. Esta práctica es un proceso en tres pasos (desgraciadamente, la mayoría de la gente sólo lleva a cabo los dos primeros, encontrando alivio y satisfacción momentáneos, pero sin llegar a cortar eficazmente los lazos energéticos y kármicos del CEL). Es imprescindible que hagas *los tres pasos* para poder liberarte por completo de la otra persona:

1. El primer paso es identificar a alguien que te haya perjudicado o a quien tú hayas perjudicado. Inspira profundamente y espira, liberando con esa respiración toda la ira y la injusticia que puedas sentir. Repítelo con tantas respiraciones como necesites.
2. Luego, vuelve a inspirar profundamente y dirige una plegaria o una bendición hacia esa persona, perdonándola por cualquier cosa que pueda haberte hecho. Y entonces, con el ojo de tu mente, pídele que te perdone por cualquier cosa que puedas haber hecho que le dañó o perjudicó, diciendo lo siguiente mentalmente: «Te libero y te bendigo». Repítelo con tantas respiraciones como necesites.
3. El paso final y el más importante es contemplar la lección que aprendiste de esa persona. ¿Qué estaba intentando enseñarte la vida mediante ese individuo? ¿Cómo recibes la lección en su totalidad para que no tengas que aprenderla de nuevo? ¿Cómo transformas lo que antes fue motivo de ira o daño en algo que es motivo de compasión y poder? Depende de ti escribir la nueva historia de esta relación.

Una vez hemos descartado nuestras historias, cortado nuestros cordones kármicos y empezado a sanar nuestras heridas, dejamos de ser consumidos por los dramas de nuestras vidas y de sentirnos atrapados en una pesadilla. Entonces podemos empezar a ensoñar un ensueño más satisfactorio.

Capítulo tres

Despertar al tiempo del sueño

La lógica te conducirá desde A hasta B.
La imaginación te llevará a todas partes.
Albert Einstein

Los aborígenes australianos creen que existen dos realidades separadas: la de la vida cotidiana y la del tiempo del sueño, el reino eterno desde el cual seres de energía (los dioses) cantaron por primera vez el mundo para que existiese. El tiempo del sueño es el dominio de la canción y la poesía, de los símbolos y los arquetipos; los chamanes creen que es la más importante de las dos realidades, porque crea, forma y modela el mundo físico. Probablemente estarían de acuerdo con Einstein, que dijo: «La realidad es simplemente una ilusión, aunque una muy persistente».

En nuestra propia cultura, hemos llegado a valorar tanto nuestra realidad de vigilia que hemos olvidado nuestro poder para imaginar desde el mundo invisible del tiempo del sueño y co-crear con el universo. El mundo físico puede ser muy duro, especialmente cuando tenemos que enfrentarnos con desafíos como la enfermedad, la guerra, la hambruna y la pobreza, de manera que tiene sentido que utilicemos nuestra mente para intentar imaginar cómo resolver todos los problemas que percibimos. Pero cuando no reconocemos el poder del tiempo del sueño, es como si nos volviésemos miopes: sólo podemos ver lo que está justo delante de nosotros, una diminuta pieza del puzle. No tenemos la visión para captar la imagen más grande y empezar a jugar con ella. Si soñamos mientras estamos despiertos, podemos ver que nuestras creencias acerca de la realidad pueden ser alteradas, que sólo son hipótesis que siempre son autorrealizables.

Su tu creencia es que «no puedo dominar la tecnología porque es demasiado confusa» o «no tengo paciencia para la gente que no piensa como yo», pon a prueba esa suposición. Recuerda, el universo demostrará inevitablemente que tienes razón. Intenta permanecer abierto a la posibilidad de que, como la de hoy, esas historias pueden ser intercambiadas por hipótesis más interesantes.

Construyendo una catedral

Durante la Edad Media, dos canteros estaban trabajando en París en lo que se convertiría en la catedral de *Notre Dame*. Un viajero, intrigado por su actividad, se detuvo para preguntar al primero qué estaba haciendo. «Cuadrando una piedra», respondió.

«Ya veo», dijo el viajero. Pero aún sentía curiosidad, así que caminó hacia el otro cantero y le preguntó qué estaba haciendo.

«Estoy construyendo una catedral», contestó el hombre.

Al igual que esos canteros, podemos escoger vivir nuestra historia de un modo limitador o de un modo potenciador e inspirador. Éste es el primer paso para crear el mundo ensoñándolo: comprendiendo que nuestras acciones están ocurriendo en más de una dimensión o plano. Podemos estar seguros de que el hombre que dice que está construyendo una catedral tiene un mayor sentido del significado, propósito y poder que el otro hombre, que simplemente dice que está cuadrando una piedra, aunque a un nivel de realidad ambos estén ocupados con la misma actividad. Construir una catedral ocurre en el tiempo del sueño, mientras que cuadrar una piedra sucede en el tiempo lineal, ordinario. Se tardí casi doscientos años en construir la catedral de *Notre Dame*, pero en el tiempo del sueño o el «todo a la vez» la catedral ya existía, y el segundo cantero de la historia anterior podía ser parte de un proyecto mucho mayor que él mismo.

Uno de mis clientes vino a verme no hace mucho quejándose de depresión y de lo que él llamaba «aburrimiento terminal». Se trata de un exitoso empresario que había heredado una fábrica de cerillas que había sido de la familia durante décadas, y me dijo: «Quiero hacer algo por el mundo. Desgraciadamente, estoy atrapado produciendo cerillas en masa para que la gente encienda cigarrillos y coja cáncer».

En un nivel superficial ese hombre tenía todo lo que uno aspira en la vida, incluyendo un coche lujoso, una gran casa en la playa y una familia hermosa. Pero sentía que estaba atrapado en un surco haciendo cerillas y leyendo informes económicos. Se preguntaba si debería vender su compañía y quizás desarrollar un proyecto empresarial que estuviese más en la línea de su deseo de contribuir con algo al mundo. En su mente no estaba construyendo una catedral, se estaba metiendo en una labor tediosa y sin sentido.

Le comenté que las cerillas sólo eran el atrezo de la historia que se había escrito para sí mismo, y que vender la empresa era una manera fácil de evitar escribir una nueva y heroica narración de su vida. Le expliqué que si no podía encontrar un modo de cambiar el mundo con las cerillas, entonces probablemente no podría hacerlo con nada más. Así que empezamos a explorar la dimensión más profunda en la que se sentía víctima de su propio éxito, un rey Midas sentado ante su mesa de banquete incapaz de poder participar en el festín.

Las cerillas tienen mucho potencial como metáforas, así que mi cliente y yo empezamos a jugar con ideas como «trayendo un poco más de luz al mundo». Al final, cambió su historia de estar atrapado en una jaula dorada mientras ayudaba a la gente a contraer cáncer por algo mucho más creativo. Empezó a imprimir refranes en el interior de los libritos de cerillas y citas inspiradoras en las cajas. Una de mis favoritas invitaba a la gente a «encender tu vida con fuego» con cada cerilla que usaban. Mi cliente también reconoció que si quería cambiar el mundo, tenía que empezar con los hombres y las mujeres que trabajaban para él. En seis meses había instituido un plan de participación en los beneficios que hizo a su compañía aún más productiva, porque motivaba a sus empleados a realizar sus mejores esfuerzos.

Ensoñar requiere coraje. Necesitas admitir cualquier profecía autorrealizable de victimismo que hayas creado o adoptado, liberarte de ella y crear algo mejor. En esa nueva historia debes adoptar el papel de héroe; no el héroe que va por ahí rescatando a damiselas en peligro y es armado caballero y loado, sino el que supera la tragedia y la adversidad. Después de todo, los héroes no tienen necesariamente trompetistas ni desfiles triunfales anunciando su llegada.

Por ejemplo, aunque raramente es proclamado, la crianza de los hijos es un acto heroico, especialmente ahora que se espera que las madres no sólo críen a los niños, sino que también contribuyan con su sueldo a las necesidades de la casa. Ellas pueden descubrir sus poderes ocultos e inspirar a sus hijos dándoles ejemplo de cómo vivir con belleza y gracia. Es altamente probable que las madres creen nuevos caminos y vayan hacia donde nadie ha ido antes, porque ya no temen el oscuro bosque de lo desconocido. Confiadas de su poder, las madres lo utilizan sabiamente en lugar de desenvainar la espada y emprenderla con cualquier sombra del bosque. Ellas tienden a actuar como valientes heroínas porque eso es lo que son.

En el siguiente ejercicio vas a remodelar tu historia principal, la que se ha convertido en una desproveedora pesadilla, y a encontrar el coraje para actuar heroicamente.

Ejercicio: escribiendo la historia del héroe

Como recordarás, en cada uno de los tres cuentos de hadas que sirven como plantillas para nuestras propias pesadillas, el personaje principal tenía que descubrir su coraje y luego actuar a partir de él. El rey Midas tuvo que rebajarse para pedir ayuda a Dionisio y devolver su regalo, lanzando al río lo que más había ansiado. El rey León hubo de enfrentarse a su malvado tío para recobrar su trono y llevar paz y salud a todas las criaturas de su reino. Cenicienta tuvo que tener las agallas para ir al baile pese a que le habían dicho que no tendría esperanza de ser escogida por el príncipe para ser su novia. Cada personaje acabó su paralizante pesadilla pasando a la acción.

Regresa a la historia que escribiste para el ejercicio de la página 71, en la que identificaste a una víctima, un matón y un salvador. Reescríbela ahora, poniéndote como el héroe que se enfrentaba a un desafío, encontraba coraje y actuaba. No importa si eso ha ocurrido ya en tu vida o no; una vez has redactado el guión, puedes invertir en él y hacerlo realidad.

Para modificar tu historia, recuerda que debes olvidarte de los estereotipos. Por ejemplo, el padre cuyo hijo había sido mandando al banquillo por parte de su entrenador de fútbol escribió una historia de tres personas, y si quiere ponerse como héroe, necesitará actuar con creatividad. Debe invitar a los personajes de su hijo y del entrenador a convertirse en héroes también, es decir, transformarse en individuos que tienen acceso a su propio coraje y actúan en consecuencia. Requiere valor aceptar no ser cogido en un trabajo porque tienes que desarrollar más tus habilidades, enfrentarte al temor de que meterás la pata y de que todo el mundo te odiará, o comprender que tú o alguien a quien amas acabará con sus sentimientos heridos. Así que al reescribir tu historia, los tres personajes pueden asumir la valentía en lugar de tener que representar los manidos roles de víctima, matón o salvador.

Cuando hayas acabado de corregir, cierra los ojos e imagina la nueva escena representada en tu mente (quizás el padre tendrá una charla con el entrenador de fútbol, por ejemplo, animándole a ayudar al hijo). Siente el coraje surgiendo en ti mientras actúas de esta nueva y heroica manera. Disfruta de la sensación de observar a la otra gente involucrada accediendo a su propio coraje y actuando en concordancia con él.

Ahora intenta memorizar esta escena. Puedes incluso querer leer tu guión corregido en voz alta cada día, pasar unos momentos visualizándolo y luego experimentándolo en tu imaginación. De este modo, tu nueva historia puede empezar a manifestarse en el mundo físico.

Como he dicho antes, el cerebro no distingue entre la realidad y la imaginación o la memoria. Cuando recuerdes tus sentimientos o tu impotencia cuando eras niño, los recrearás en ese momento. Pero si recuerdas confianza o compasión, eso es lo que crearás. Imaginarte a ti mismo llevando a cabo una tarea con éxito hace que tu cerebro prepare las rutas neurales para que logres el éxito. Así que, cuando experimentes esa nueva y valiente historia representada en el ojo de tu mente, empezarás a entrenar tu cerebro para percibir el poder de actuar con valentía.

Sin embargo, ten en cuenta que el ensueño ha de ser algo más que un acto mental para que tenga verdadero poder. Tiene que ir más allá de la mera fantasía o la simple visualización; tiene que resonar de verdad en tu corazón y en tu alma, donde puedes acceder a la poderosa fuerza de tu coraje para actuar.

Soñando mediante el poder del intento

«Intento» es otro término para el ensueño activo, valiente. Es el fuego de la inspiración y la transformación, la pasión que nos conduce. El intento es el poderoso deseo del corazón por la persona amada, por Dios, por volver al hogar al que pertenecemos y reconocer nuestro rol en el mandala de la creación. El intento es el coraje del alma.

Cuando conectamos con la fuerza del intento en nuestro corazón, lo primero que experimentamos es paz. Muchas tradiciones espirituales dicen que debemos esforzarnos para encontrar esa paz mediante la oración o la meditación (ambos son caminos poderosos, y la plegaria y la meditación son parte de mi práctica personal diaria). Podemos encontrar el «lugar tranquilo» en el interior, donde el mundo de los quehaceres da paso a la quietud, donde cesa para separarse de lo divino, y donde todo lo que existe es infinidad o Dios. Pero no sólo estamos interesados en encontrar paz interior; también queremos llevarla al planeta.

Cuando experimentas paz interior, no llegas a casa después de protestar contra la guerra en la plaza pública sólo para empezar a acosar a tu pareja por no pararse a comprar en la tienda de comestibles, y refunfuñar acerca de la inconsciencia y la incompetencia de todos los que te rodean. Con el intento de paz ardiendo como una llama en tu alma, eres capaz de expresar serenidad en cada momento, por pequeño que sea, incluso si tu estómago está gruñendo y la nevera se encuentra vacía. Vives el ensueño de paz y lo observas manifestarse en tu vida, aprovechando con entusiasmo y naturalidad las oportunidades para expresar tu tranquilidad interior en el mundo exterior.

El intento tiene un tremendo poder, porque nos viene desde la esencia del universo mismo. De hecho, el intento es el «combustible» original de la creación que casi desaparece de nuestro mundo después del Big Bang, la fuerza que permitió a nuestro cosmos entero emerger de una singularidad no mayor que la cabeza de una chincheta. Podemos acceder al poder de esta esencia original de la creación para ensoñar el mundo y hacerlo realidad y, por consiguiente, convertirnos en grandes sanadores y visionarios. Si no, podemos dejarnos seducir por esa misma fuerza y emplearla para beneficio personal, acumulando riqueza y poder a expensas de los demás.

Cualquiera de nosotros puede acceder al poder del intento; lo que es difícil es aprender cómo utilizarlo sabiamente. Nuestros dictadores más aterradores y nuestros más queridos santos aprovecharon esa fuerza, llamándola por sus otros nombres, como *fe, plegaria* y *gracia.* El intento es lo que llevó a la madre Teresa a empezar a cuidar a los pobres de la India, pero también es lo que permitió a Adolf Hitler idear una patria y una terrible oleada de violencia que le permitiría forjar el mundo que imaginaba.

Mantén el intento de paz en tu corazón y te resultará más fácil expresar su poder cuando estés es una situación desafiante, como cuando una persona hostil intenta culparte de su ira. Serás capaz de permanecer abierto a todo tipo de posibilidades imprevistas, de confiar en que tendrás el coraje para operar con integridad, de ser creativo y de amar. El intento te permite ensoñar y acceder a recursos ocultos para que el universo empiece a conspirar activamente en tu favor y a reflejar el estado de tu paz interior.

La voluntad es el mecanismo mediante el cual intentamos obligar al mundo a ajustarse al modo en que creemos que deberían ser las cosas, mientras que el intento es el mecanismo por el cual ensoñamos creativamente y con valentía. Y mientras la voluntad corrige y arregla las cosas después de que se hayan manifestado, el intento les da forma antes incluso de que existan. Ambos son importantes, pero el ensueño sólo puede ocurrir mediante el intento.

Ensoñar a través del intento nos parece algo muy poco normal al principio, porque se nos ha dicho que si queremos que se haga algo, será mejor que lo hagamos nosotros; es decir, que sería mejor «proponérselo» y empezar a trabajar. Se nos ha hablado del poder del pensamiento positivo y se nos ha animado a recitar afirmaciones acerca de la cantidad exacta de dinero que queremos conseguir este año o del aspecto de nuestras futuras parejas románticas. Mucha gente jura que pedir al universo como si fuese la Gran Camarera en el Cielo funciona, pero a menudo son los mismos individuos que tienden a ignorar las muchas veces que el universo les sirvió una hamburguesa cuando habían pedido un filete *mignon*... o les sirvió el filete, pero luego les llevó una cuenta que posiblemente no podían pagar.

En las raras ocasiones en las que desear que el universo te dé lo que quieres funciona, es sólo porque el hecho está relacionado con un poderoso intento arraigado en tu alma. A tu alma no le importa en realidad qué comida hay en tu plato o cuánto dinero hay en tu cuenta bancaria; está mucho más dedicada a expresar en el mundo los regalos que tienes que ofrecer. Por tanto, si tu intento es de curación, podrías convertirte en el investigador médico que finalmente encuentra una cura para el cáncer y consigue una fama mundial, y tu alma estará feliz.

Si ese mismo intento simplemente resulta en que eres la persona con la que todo el mundo quiere estar porque, mediante tu ejemplo, les inspiras para que estén de buen humor, tu alma también estará feliz. Ya ves que tu alma no necesita atribuirse el mérito, ni es específica en cuanto a cómo ocurre el acto artístico de co-creación con el universo; sólo quiere coger la guitarra e improvisar junto con la divinidad.

~ ~ ~ ~

Si bien la mente puede a veces ser una útil guía, modelando la manera en la que se expresa el intento en el mundo, debemos dejar que el ensueño se desarrolle a su voluntad. No tendríamos que esforzarnos tanto intentando imaginar cómo podría manifestarse ese intento.

Cuando los chamanes se hicieron cargo de mí por primera vez, probablemente debí de parecer otro chaval americano más buscando fuera de su vida ordinaria alguna comprensión de sus dramas personales. Fue a principios de los setenta, y estoy seguro de que muchos jóvenes con tejanos se habían dirigido a las antiguas ciudades de Perú buscando una respuesta que estaban seguros de no poder encontrar en Omaha o en San Bernardino. Sin embargo, los Guardianes de la Tierra tenían el sueño de diseminar sus enseñanzas en Occidente, y pudieron ver en mí no sólo a otro buscador, sino también a un potencial mensajero que podría ayudarles. Tenían un intento y reconocieron la oportunidad para utilizarme como uno de sus portavoces. Me percibían como a un blanco educado que interactuaba con otros blancos educados y que tenía la capacidad de cambiar un mundo que ellos sentían que estaba cada vez más en peligro. Los chamanes percibieron que yo podría llevar sus enseñanzas hasta individuos que ellos de otro modo nunca alcanzarían.

Pero por muy fuerte que fuese su intento, yo no estaba seguro de que ser un chamán occidental fuese una tarea que pudiese asumir. Ninguna de mis historias me preparaba para eso. Después de todo, la historia que me contaba a mí mismo en aquel entonces era que yo era hijo de inmigrantes y que mi familia había perdido cualquier cosa de valor para nosotros. Vi cómo mi padre, anteriormente un hombre importante y vinculado políticamente en Cuba, se quedaba en el paro. Cuando yo estaba empezando mi propia carrera profesional, mi actitud era: «Si mi padre no pudo encontrar un lugar para él mismo en este nuevo país en el que estamos viviendo, entonces seguro que yo tampoco».

Luego, cuando conocí a los Guardianes de la Tierra, me veía simplemente como a un antropólogo médico investigando para una tesis. Y después de emprender la tarea de articular sus sabias enseñanzas de una manera contemporánea, poética, tuve que oponerme a mi propia profesión y a los académicos que me criticaban por ser acientífico. (El hombre que estaba construyendo una catedral no hizo muchos amigos entre sus compañeros canteros.)

Años más tarde, mis libros empezaron a utilizarse como textos en algunas universidades, y ayudé a generar todo un movimiento de viaje espiritual a Perú. Pero lo más importante es que hoy formo a otros chamanes occidentales; hombres y mujeres de la asistencia sanitaria, los negocios y la educación que están llevando la medicina energética a sus familias, a sus organizaciones y al mundo. La posibilidad de que pudiese hacer todo eso estaba presente cuando conocí por primera vez a los Guardianes de la Tierra, pero está claro que no lo vislumbré todo. Si alguien me hubiese dicho: «Eso es lo que estarás haciendo en el futuro», me habría burlado de tan improbable resultado.

Los Guardianes de la Tierra con los que trabajé lograron su visión de encontrar a un mensajero para el mundo occidental porque no la controlaron minuciosamente. No intentaron imaginar quién podría ser el mejor mensajero, dónde podrían encontrarle o cómo podrían ponerle a prueba para asegurarse de que era mejor que cualquier otro candidato. No pensaron con exactitud qué iban a hacer para correr la voz acerca de las tradiciones de la custodia de la Madre Tierra. Simplemente pretendían esparcir su sabiduría por el mundo occidental y, cuando apareciesen las oportunidades para hacerlo, utilizarlas. Sin saberlo, resulté ser una oportunidad con patas, y los chamanes la reconocieron porque su intento estaba claro, sin las sombras de la voluntad o el ego. Me invitaron a ser parte de una historia más grande que la que nunca podría haber concebido por mí mismo... pero eso también es una historia que ideé.

Liberarse de la necesidad de controlar el resultado y servir al ensueño que se va desarrollando es extremadamente potente. Por ejemplo, Nelson Mandela pasó 27 años en prisión, y al mismo tiempo se concentraba en su intento de crear una era *posapartheid* en Sudáfrica. En su ensueño, los sudafricanos blancos y negros tenían las mismas oportunidades y trabajaban juntos para construir un país en el que todo el mundo pudiese criar a sus hijos y vivir sus vidas en paz, disfrutando de la salud y la prosperidad. Podría haber hecho hincapié en lo improbable que era que alguna vez pudiese salir de la cárcel y fuese capaz de influir en sus compatriotas mediante sus actos, pero en lugar de eso se metió de lleno en el proceso de ensueño.

Imagino que mientras pasaba cada año, y luego esos años se hacían décadas, se volvía cada vez más difícil para Mandela aferrarse a su ensueño en lugar de caer presa del pánico o la desesperación. Pero como tuvo el coraje de ensoñar, salió de la prisión con tremenda fuerza y el poder para inspirar a otros cuando finalmente llegó el momento y Sudáfrica estuvo preparada para transformarse.

Nuestros compañeros de ensueño

Nuestro deseo de vernos a nosotros mismos como iconoclastas solos en los bosques nos hace olvidar que estamos rodeados de otras personas que sin duda compartirían nuestro ensueño y ayudarían a hacerlo realidad. Con ese fin, muchos hombres dicen que su película favorita es *Solo ante el peligro*, la historia de un *sheriff* pueblerino en el viejo Oeste (representado por Gary Cooper), que es abandonado por su comunidad, sus amigos e incluso su esposa mientras espera estoicamente su oportunidad para hacer lo correcto y enfrentarse al enemigo del pueblo. Nadie comparte la convicción del *sheriff*, pero él la mantiene pese a todo.

Con coraje podemos liberarnos de la necesidad egoísta de ser el solitario sombrero blanco. Podemos dejar a un lado nuestra timidez y reunirnos con otros para crear y luego manifestar nuestro ensueño. Recuerda que somos capaces de lograr cualquier cosa siempre que renunciemos a la necesidad de atribuirnos el mérito por ello. La percepción de nuestra individualidad, nuestro estado de separación de la matriz del infinito, es una ilusión que nos impide acceder al intento para ensoñar. Nuestros egos nos hacen equivocar siempre.

En el nivel del ego, nos quedamos apegados a lo que queremos exactamente, sin importar lo que desean los demás. Queremos que los demás se alejen de sus sistemas de creencias, adopten nuestros valores y vivan sus vidas como nosotros porque nos gusta pensar que eso curará al mundo de sus problemas. Eso no es ensoñar; es intentar obligar al universo a adaptarse a la visión de un individuo obsesionado.

Un gran ejemplo de esto es Paul Wolfowitz, un destacado artífice de la guerra de Iraq y antiguo presidente del Banco Mundial. Wolfowitz fue consumido por la idea de querer salvar el mundo, primero llevando la democracia a Iraq y luego combatiendo la corrupción en África. Pero mientras perseguía esas metas, lo que realmente logró fue enajenar a todos a los que estaba intentando echar una mano, especialmente cuando ayudó a meter a los Estados Unidos en lo que algunos están llamando «la Tercera Guerra Mundial», la llamada «Guerra contra el Terrorismo» que cambiaría la percepción mundial de los Estados Unidos de ser un sabio hermano mayor a un matón.

Como Wolfowitz, en nuestra arrogancia suponemos que sólo nosotros sabemos qué es lo mejor para todos los demás, que no tenemos por qué trabajar bien con otros. Pero el verdadero ensueño original empieza cuando estamos en *armonía* con otras personas y el mundo que nos rodea. Aquí reconocemos nuestra conexión con otros, pero más que eso, la experimentamos. Dejamos de sentirnos como una gota de agua separada del océano; nuestros límites desaparecen cuando perdemos de vista el punto en el que acabamos y empieza el océano. Comprendemos que, como parte de ese gran mar, estamos alisando los filos de una roca o tallando un cañón, pero no necesitamos conseguir una placa de bronce grabada con esto: «ESTA CORTESÍA DE CAÑÓN ES UN GENEROSO REGALO DE ___________».

En esta armonía aún podemos retener nuestra autoidentificación, las cosas que nos gustan y las que no, y nuestras opiniones, pero no importan mucho cuando experimentamos esa sensación de unidad. Nuestras preocupaciones individuales se vuelven secundarias para el bien mayor. De la misma manera que el corazón sustenta a todo el cuerpo pero tiene una entidad propia, nosotros podemos reconocer y trabajar con nuestros talentos y habilidades mientras no nos hinchemos de engreimiento e intentemos conseguir que todo el mundo haga lo que hacemos.

~ ~ ~ ~

Para aprovechar el poder del ensueño debemos estar conectados no sólo con la humanidad y la historia humana, sino con toda la naturaleza y la creación. Nuestro sentido de unidad tiene que incluir los ríos, los árboles y los grillos. Nuestra historia tiene que volverse más grande para englobar las estrellas y las galaxias. Tenemos que sentir nuestra interconexión con todo en el universo para que las energías del intento puedan fluir a través de nosotros como vientos galácticos. Como respondería una «mujer medicina» del suroeste americano a la pregunta de quién es: «Los vientos soy, las rocas rojas, la estrella brillante en el cielo nocturno».

Con demasiada frecuencia apoyamos la pesadilla del iconoclasta, suponiendo que nadie más ahí fuera podrá entender por lo que estamos pasando o comprender nuestro sueño. O si creemos que puede haber otras personas que puedan unirse a nosotros, no confiamos poder encontrarlas porque serán demasiado pocas, estarán demasiado lejos de nosotros o no se comprometerán tanto.

Ésa es la gran desconexión: cuando ocurre, no tenemos acceso al poder del intento, y nuestro ensueño se convierte en una mera parodia de lo posible, una sombra de la grandeza que podemos experimentar.

Tenemos una infinidad de excusas por las que no podemos alcanzar todo lo que deseamos poseer en el mundo, y una de las más populares es: «El problema es toda esa gente de ahí. Si hiciesen las cosas a mi manera, no tendríamos dificultades». Empezamos a sentirnos como mártires incomprendidos, intentando noblemente salvar el mundo y siendo saboteados por otros.

Pero cuando nos sentimos incomprendidos y solos en nuestro viaje, como el *sheriff* de *Solo ante el peligro* o don Quijote, es únicamente otra pesadilla que nos hemos creado para nosotros. Es extraordinario que incluso en esta supuesta Era de la Información podamos hacernos creer a nosotros mismos que estamos aislados de otros que podrían ensoñar con nosotros. Muchos esfuerzos populares hoy en día implican a hombres y mujeres en diferentes rincones del mundo que nunca se han visto pero que utilizan la tecnología para comunicarse. Aun así, mucho antes de que tuviésemos semejante tecnología, la gente encontraba muchas formas ingeniosas de ponerse en contacto para poder trabajar juntos en su ensueño. La generación del *baby boom* detuvo la guerra de Vietnam sin móviles, Internet o mensajes de texto. Y durante la Gran Depresión los obreros de Oklahoma salieron de sus casas hacia la terrible tormenta de polvo para encontrarse y ayudarse unos a otros compartiendo comida, refugio y esperanza.

Nosotros también tendemos a darle demasiadas vueltas a cómo podría manifestarse un sueño colectivo, malgastando una enorme cantidad de energía preocupándonos por quién va a dedicarse a tal o cual comisión. Pero los obreros de Oklahoma no perdieron el tiempo discutiendo las teorías de Marx acerca de la unidad obrera o considerando los aspectos sociológicos y psicológicos de los esfuerzos colectivos o las técnicas de comunicación efectivas. Simplemente compartieron con otros la comida que tenían en sus campamentos improvisados, pasaron información sobre dónde podría haber trabajo, echaron un ojo a los niños de todos e imaginaron un mundo en el que pudiesen cuidar de sus familias y encontrar un hogar de nuevo.

Cuando establecemos un intento y permitimos que nuestro coraje fluya, encontramos maneras de conectar con otra gente que pueda compartir nuestra visión; podemos confiar en que el ensueño pasará de una persona a la otra sin tener que estar presentes en cada intercambio ni pendientes de cómo ocurre todo. A mediados del siglo XX, por ejemplo, un editor de periódicos en Chicago imprimió horarios de tren en su publicación porque quería animar a los aparceros afroamericanos del profundo sur a mudarse al norte hacia las ciudades como Chicago y conseguir una vida mejor trabajando en fábricas. Los que empleaban a los aparceros no apreciaron la invitación de aquel hombre hacia su menguante población activa, así que vetaron el periódico en muchos pueblos. Como respuesta, los mozos afroamericanos de los coches cama se coordinaron con la gente de las áreas rurales del sur para sacar paquetes de periódicos de los trenes mientras viajaban lentamente por el campo; los aparceros rurales que los esperaban distribuían después los diarios fuera de la vista de los terratenientes blancos.

De la misma manera, cuando creamos un intento, la gente formará una cadena de acción sin que tengamos que coordinarla. Cuando ensoñamos con compañeros, tenemos que liberarnos de nuestra necesidad de ser reconocidos como creadores de la idea o como quien finalmente la hizo realidad en el mundo físico. Podríamos muy bien ser la persona 117 en involucrarse, sin reconocimiento de nuestra participación. Es sólo el ego quien se preocupa de que nuestro papel sea «el clave», o de si alguien más sabe lo que hicimos. El alma está encantada de ver cómo nuestro ensueño se hace realidad y no le importa si alguien sabe qué fue lo que hicimos para ayudar a que ocurriese.

Comunicación cuántica

Uno de los recursos que tenemos para manifestar un ensueño colectivo con nuestros compañeros es la comunicación cuántica. La teoría cuántica muestra que existen formas de intercambiar información que no podemos percibir con nuestros sentidos pero que son muy reales, y que nos permiten conectar con otros de manera que podemos compartir y manifestar ensueños potenciadores. Este tipo de comunicación está ocurriendo en el mundo cotidiano, no sólo en los reinos subatómicos de la física. Coge, por ejemplo, un pájaro cantor particularmente inteligente como el herrerillo común. Unas cuantas décadas atrás hizo un útil descubrimiento: al dar toques con su pico en la tapa de papel de aluminio de las botellas de leche colocadas en los portales de Inglaterra, podía beber la nata que flotaba por encima de la leche.

Al principio se dijo que sólo unos pocos pájaros habían roto las tapas, pero en seguida los herrerillos comunes de toda Gran Bretaña habían adquirido el hábito, como si la información pasase de manera instantánea una vez que un número suficiente de ellos hubiese aprendido a romper las tapas. (Esto es muy parecido a lo que se ha llamado el «Fenómeno del centésimo mono», después de un incidente con monos en una isla en particular que esparcieron información entre ellos muy rápidamente, e incluso a monos de otras islas, acerca de quitarles la tierra a las batatas lavándolas antes de comérselas.)

Debido a la escasez de la Segunda Guerra Mundial, las botellas de leche con tapa de papel de aluminio no estuvieron disponibles en Gran Bretaña durante ocho años, y la generación de herrerillos comunes ladrones de nata, que tienen una vida de sólo cinco años, dio paso a una generación que no conocía las tapas de las botellas. Aun así, cuando se reintrodujeron las botellas de tapa de papel de aluminio, los herrerillos comunes empezaron a asaltarlas en grandes cantidades casi de inmediato. Es como si su memoria genética hubiese sido alterada por el descubrimiento de la generación anterior.

Y no sólo eso. Se ha visto a los petirrojos realizar el mismo truco, aunque nunca en grandes cantidades. Se ha sugerido que los hábitos de socialización de los pájaros son una pista importante para este misterio: los petirrojos forman parejas, mientras que los herrerillos comunes se congregan en grandes bandadas. Al parecer, pasar largos ratos con un enorme grupo de pájaros compañeros les permite comunicar ideas adaptables de una manera extremadamente rápida.

La implicación de esto para nosotros los humanos es que cuando nos aislamos, nos cuesta más tiempo asimilar los avances y las nuevas posibilidades para crear un mundo diferente. Pero si permanecemos en contacto con el grupo más grande y regularmente experimentamos el hecho de formar parte del todo, podemos intercambiar conocimientos, aprender y ayudarnos entre nosotros mucho más rápido.

Una vez, cuando iba caminando por una concurrida calle de la periferia del centro de Manhattan en hora punta, observé a un adolescente delante de mí gritando de mala manera a una joven que parecía ser su novia. En un instante, la marea de gente de negocios bien vestida que caminaba hacia el distrito residencial formó dos círculos: uno alrededor de él y otro alrededor de ella. El primero, formado completamente por hombres, había sacado pecho, atreviéndose a desafiar al chico a pelear contra ellos o insistiendo en que se calmara y se ajustase a las reglas de comportamiento adecuado en la calle. El otro círculo, formado por mujeres y algunos hombres, se había congregado alrededor de la chica con un aura de protección, y unas cuantas personas preocupadas le habían preguntado a la vez: «¿Estás bien?».

El movimiento de la multitud fue tan rápido como una bandada de pájaros cambiando súbitamente de dirección. Nadie fue presa del pánico de salir herido ni pensó: «Alguien (no yo, pero *alguien*) debería hacer algo con estos dos antes de que la chica resulte herida». En lugar de eso, como si sintiesen su poder colectivo, todos los hombres y las mujeres actuaron. Fue espectacular de ver, e imagino que todos los implicados se sintieron potenciados por su capacidad de unirse rápida y decisivamente por el bien común.

Nuestro instinto de protegernos y defendernos los unos a los otros sale a relucir en tiempos de crisis, pero no tenemos por qué esperar a un gran momento dramático para sentir esa maravillosa sensación de apoderamiento y conexión con algo mayor que nosotros mismos. Podemos hacerlo en los momentos más insignificantes simplemente cambiando nuestra perspectiva, como verás en el próximo capítulo.

Capítulo cuatro

Conciencia, realidad y los cuatro niveles de percepción

En el momento en que alguien presta cierta atención a algo, aunque sea una brizna de hierba, se convierte en un misterioso, impresionante e indescriptible magnífico mundo en sí mismo.
Henry Miller

Nuestros cerebros humanos experimentan cuatro estados de conciencia: (1) nuestra vigilia ordinaria, (2) el sueño, (3) el sueño sin sueño y (4) uno de lucidez cuando estamos empezando a despertarnos o a quedarnos dormidos. Nos hallamos en un estado de conciencia cuando estamos despiertos, pero luego salimos de él tan pronto cruzamos el umbral para dormir. Eso no es así para los Guardianes de la Tierra, que son capaces de mantener la conciencia aun cuando sueñan y pueden guiar sus sueños en cualquier dirección que deseen. Esos hombres y mujeres han dominado el arte de estar despiertos incluso al dormir, y creen que la mayoría de la humanidad está profundamente dormida incluso cuando se encuentra completamente despierta.

Llegar a dominar la capacidad de mantenerse consciente en esos cuatro estados es esencial para ensoñar las vidas y el mundo que deseamos. En Occidente creemos que el estado de vigilia es el único en el que podemos experimentar la realidad. Pero las tradiciones espirituales de la India, el Tíbet y las Américas sostienen que nuestro estado de vigilia ordinario no es precisamente un estado óptimo de conciencia, uno en el que quedamos atrapados en *maya* (o ilusión), y postulan la existencia de estados de conciencia superiores y más favorables. Las prácticas como el yoga, la meditación y el viaje chamánico pueden llevarnos a experimentar esos estados e incluso a dominarlos después de un intenso entrenamiento y preparación. Pero las ciencias de la conducta creyeron hasta hace poco que los estados de conciencia fuera de lo habitual eran malas interpretaciones patológicas de la realidad. De hecho, la *psicosis* se define a menudo como alguien que percibe una realidad distorsionada pero que no reconoce su percepción como distorsión.

El estado de conciencia de vigilia que tanto valoramos está lejos de ser ideal; en realidad hace que nos quedemos atascados en nuestra mente y su ilusión acerca de la verdadera naturaleza de la realidad. Esa ilusión es tan poderosa y dominante que elimina cualquier percepción real y nos atrapa en un fantástico diálogo mental desde el cual pocos de nosotros podemos dominar para sacarnos de ahí. Ésa es la pesadilla cultural en la que se nos educa a todos y que sólo reconocemos cuando empezamos a calmar la mente. Creo que la gente corriente está dormida y atrapada en un sueño que en seguida se vuelve una dolorosa pesadilla… lo cual es la verdadera psicosis. No la reconocemos porque todo el mundo a nuestro alrededor afirma que la vida diaria constituye la «realidad». Es sólo cuando comenzamos a despertar de nuestra pesadilla cultural cuando reconocemos que hemos estado dormidos todo el tiempo.

Con entrenamiento riguroso podemos lograr una profunda visión de los funcionamientos internos de nuestra conciencia, experimentando así una realidad que trasciende nuestras percepciones limitadas del mundo. Ese entrenamiento consiste en el refinamiento de nuestra percepción, que es una práctica común al yoga y la meditación, además de algo que aprenderás en este capítulo.

Las lecciones de las páginas siguientes están diseñadas para ayudarte a mantener un estado de lucidez tanto si estás despierto como durmiendo o soñando. ¿Te has dado cuenta de lo rápido que se desvanecen los sueños cuando te estás despertando? En un momento te hallas sumido en un sueño absolutamente real e inolvidable, y al siguiente ni siquiera puedes recordar qué estabas soñando. Las puertas de la percepción se cierran de golpe, y te quedas confinado a un solo modo de conciencia. Llegarás a comprender que existen estados de conciencia superiores que engloban a los inferiores, en los que puedes fluir fácilmente entre el sueño y la vigilia sin perder la conciencia de ninguno de los dos.

Los cuatro estados de la conciencia (vigilia, sueño, estado intermedio de lucidez y sueño sin sueño) están implicados cuando practicamos el ensueño valiente. Experimentamos los cuatro estados durante el día, pero la mayoría de las veces no somos conscientes de ellos. Podemos estar dormidos mientras parecemos estar despiertos; podemos soñar despiertos; podemos estar completamente lúcidos mientras conducimos nuestro coche, aun cuando estemos hipnotizados por la música que vamos escuchando, y podemos estar dormidos por completo y soñar lúcidamente. El cometido no es llevar nuestra conciencia de vigilia al estado de sueño, sino al revés: llevar nuestra conciencia de sueño a nuestro estado de vigilia, donde podemos percibir que «la vida no es más que un sueño».

Cada uno de los cuatro estados tiene una función particular a la hora de ensoñar el mundo y está asociado con uno de los cuatro animales arquetípicos de los Guardianes de la Tierra: *águila, colibrí, jaguar* y *serpiente*. El águila es el estado de sueño sin sueño o calma; el colibrí, el estado de sueño; el jaguar, ese estado lúcido entre el soñar y el dormir; y la serpiente, nuestra conciencia de vigilia ordinaria.

Los neurocientíficos creen que diferentes áreas del cerebro pueden funcionar en diferentes estados de conciencia, y es posible que podamos estar en los cuatro estados simultáneamente. Quizás el ejemplo más sorprendente de esto sea el delfín, en el que sólo un hemisferio del cerebro duerme, mientras el otro permanece despierto. (Un delfín no es capaz de dormir con todo su cerebro porque la respiración no es una función automática para él como lo es para nosotros, de manera que un hemisferio debe permanecer alerta para que el animal pueda continuar respirando.)

Pocas veces funcionamos a nuestro más alto nivel de capacidad en cualquiera de los cuatro niveles de conciencia, y con demasiada frecuencia lo hacemos al nivel más bajo. Así que mientras que la conciencia jaguar puede ser lúcida, lógica y coherente, la mayoría de las veces está confusa y es acribillada con pensamientos y sentimientos indeseados. Einstein dijo que ningún problema puede resolverse al mismo nivel con el que fue creado, por lo tanto es importante aprender a elevar nuestro nivel de conciencia y a dominar las habilidades y los dones dentro de cada estado. Para eso necesitamos comprender los cuatro niveles de conciencia que nos permiten ensoñar con valentía y manifestar el ensueño en el mundo. Cuanto mejor comprendamos la relación entre el cerebro y la conciencia, más fácil será entender cómo trabajan juntos estos cuatro niveles de percepción mientras operamos en el mundo.

La mente consciente y el cerebro

Según los neurocientíficos, el cerebro es el origen de la conciencia humana. Sabemos que el cerebro es capaz de crear una experiencia simulada fuera del cuerpo cuando es estimulada una región particular del córtex cerebral, o incluso puede producir en nosotros la sensación de estar observando algo a distancia. Los investigadores apenas consideran la posibilidad de que podríamos percibir que estamos flotando por encima de nuestro cuerpo o presenciando un acontecimiento lejano no debido a una ilusión producida por el cerebro, sino porque tales incidentes suceden realmente. La idea de que fenómenos como esos sean el resultado de cortocircuitos en nuestra materia gris es mucho más fácil de aceptar.

Estudios recientes han llevado a la teoría de que incluso la creencia en un dios es un efecto secundario benigno de ciertas estructuras cerebrales que evolucionaron por motivos de supervivencia; un accidente similar a la involuntaria creación de hermosas columnas después de que se hayan construido una serie de arcos góticos. Para un científico, la idea de que la conciencia podría haber creado deliberadamente las estructuras cerebrales necesarias para percibirse a sí misma parece, bueno, de retrasado. Pero sabemos que la mente puede influenciar de manera considerable a las mismas estructuras del cerebro. Por ejemplo, la gente que ha sufrido lesiones cerebrales resultantes en la pérdida de la función motora o del habla, ha sido capaz de crear nuevas conexiones neuronales mediante la repetición de ejercicios físicos y cognitivos. Los monjes budistas que han pasado años meditando tienen cerebros que parecen diferentes en una tomografía por emisión de positrones o TEP (un tipo de fotografía de la actividad cerebral), y sus cerebros procesan la realidad de manera diferente a aquellas personas que no meditan.

Claramente tenemos el poder de sanar e influenciar al cerebro físico utilizando nuestra mente; pero ¿qué fue primero, el cerebro o la mente?

Las tradiciones espirituales están a menudo enfrentadas con la ciencia porque miran la relación entre el cuerpo, la mente y el espíritu desde la posición opuesta, enseñando que la mente, o la conciencia, es la fuerza que crea la materia, no al revés. Según la mayoría de las tradiciones espirituales, la conciencia no surgió de una sopa primordial ininteligente. En otras palabras, la mente no surgió de la materia inerte; más bien el espíritu preparó el estofado cósmico desde el cual surgió toda la vida. El espíritu creó una plantilla energética que luego manifestó una realidad física. Hubo una plantilla energética para el sistema solar, para nuestra galaxia y para cada criatura existente. Los griegos se referían a esa plantilla energética como el «Logos», en Oriente fue conocida como el «Tao», y algunas religiones la han denominado el «alma del mundo».

Nuestra plantilla energética personal (o alma) es el campo de energía luminoso (CEL) que, como nuestro ADN, contiene las historias de quiénes somos y de todo lo que hemos experimentado. Pero en lugar de almacenar información en enlaces químicos, como hace el ADN, nuestra plantilla luminosa la almacena como luz y vibración. Puede que mejor que nadie, los astrofísicos saben que la luz lleva información. De hecho, el único conocimiento que tenemos de las distantes galaxias es mediante la luz que alcanza nuestros telescopios a través de la inmensidad del espacio. Las celdas de corriente para la luz de nuestro campo energético podrían ser el propio ADN, ya que los científicos han descubierto que emite pulsos de luz a una velocidad de unos 100 hercios, o 100 veces por segundo.

El CEL es el *software* o conjunto de instrucciones que informa a nuestro ADN, que es el *hardware*, para que fabrique proteínas que crean el cuerpo. Los científicos nos dicen que el código para nuestro ADN está compuesto por sólo cuatro moléculas llamadas «bases». Son adenina (A), citosina (C), guanina (G) y timina (T). Con estas cuatro letras se escribe toda la poesía de la creación. Cada ser viviente está compuesto de ADN, y es posible que el ADN sea la única forma de vida real en el planeta.

~ ~ ~ ~

De la misma manera que el ADN es el código que contiene información acerca de nuestra historia genética y ordena a las células y a los tejidos que se dupliquen, nuestro CEL también utiliza un código para almacenar información acerca de nuestro pasado. Como el ADN, el CEL tiene cuatro símbolos que forman su código, que los chamanes conocen por sus símbolos animales de la serpiente, el jaguar, el colibrí y el águila.

Podrías pensar que esos cuatro animales arquetípicos representan las cuatro capas de tu CEL. Esas cuatro capas contienen huellas que almacenan, por ejemplo, la historia de tu padre diciéndote de niño que no llegarías a nada. Esa información está codificada en tu campo de energía luminoso como una imagen holográfica. Dependiendo de la gravedad de esa herida, puede estar marcada en la capa del colibrí, del jaguar o de la serpiente, es decir, del alma, de la mente o del cuerpo. El nivel del águila está siempre libre de huellas personales porque es el nivel del Espíritu.

El CEL es la plantilla del cuerpo. Puedes sanar a otra persona (o a ti mismo) quitando la codificación de la información contenida en el CEL, y la persona volverá al estado de salud una vez que la plantilla energética esté limpia. Eso se hace trabajando desde el nivel del águila, del Espíritu. El Espíritu existió antes de que hubiese energía o materia, cuando todo lo que había era el gran vacío; luego concibió el universo y empezó a manifestar el cosmos, como un artista trabajando en un lienzo celeste que pudiese alterar a voluntad. En las tradiciones indígenas, como la de los aborígenes australianos o los nativos americanos, el Espíritu es inseparable de la creación. Es tanto madre como padre, hijo y progenitor. La vida es el arte; los planetas, las estrellas y la Tierra son el mandala, y el cielo es la pintura, aunque también sea el pintor.

Los Guardianes de la Tierra estarían de acuerdo con los antiguos griegos, que creían que la verdadera originalidad y creatividad provienen no de la mente humana y las reacciones bioquímicas de la materia gris, sino del Espíritu. Los griegos sostenían que las musas, las diosas de la inspiración, eran las responsables de todos los conceptos originales, mientras que los humanos estábamos limitados a las variaciones de un tema. Así que mientras las musas concebían una mesa como un lugar en el que la gente compartiría comida en comunidad, los simples humanos sólo fabricarían una pieza de mobiliario de la que alterarían un poco su diseño básico o su función.

Si realmente la verdadera originalidad y la creatividad provienen de una fuente con la que cada uno de nosotros está conectado, pero que es mucho mayor que cualquiera de nosotros como individuos, entonces el proceso de ensoñar el mundo en realidad empieza en el reino del Espíritu, en el nivel del águila. Es ahí donde percibimos que somos parte del Gran Infinito y tenemos el poder, e incluso el mandato, de co-crear el universo.

Los cuatro niveles de conciencia

Sólo necesitamos ensoñar valientemente y el mundo se organizará de acuerdo con nuestra visión, pero ensoñar requiere acción práctica en los cuatro niveles de conciencia.

Puedes experimentar la paz mientras estás sentado sobre un cojín de meditación en un encantador jardín, por ejemplo, mientras alguien al otro lado de la calle se está preparando para cambiar eso. Se está preparando para venir a acusarte furiosamente a través de tu verja porque has colocado tu cubo de la basura en su césped por error. Este hecho puede no parecer muy importante mientras estás en ese paradisíaco lugar de meditación, pero en el nivel físico de la serpiente esa invasión es muy real, y puede llevar hasta el dolor corporal y emocional.

Como existe más de una realidad simultáneamente, tendrás que operar en el mundo físico a la vez que en un nivel de conciencia más elevado. En un nivel más sublime de conciencia de colibrí, puede que estés en paz pero aún tengas que permanecer consciente de tu entorno y observar dónde has dejado tu basura. Tratar esos asuntos en lugar de permanecer en un nivel de conciencia más elevado y dejar que la basura se cuide de sí misma podría parecer una hipocresía, como si no confiases en el poder del Espíritu. Pero si vas a prosperar en el mundo físico, un mundo del que se supone que formas parte, debes ser consciente de lo que te rodea mientras te enfocas en una paz creativa.

Jesús se refirió a nuestra necesidad de existir en múltiples realidades al mismo tiempo cuando hablaba de ser *en* el mundo en lugar de ser *de* él, respondiendo a si debían pagarse impuestos al estado romano, al decir: «Dad al César lo que es del César, y a Dios lo que es de Dios» (Marcos 12, 17). Dicho de otro modo, Dios puede que no requiera un tributo regular de dinero, pero si no pagas tus impuestos, estarás meditando sobre una almohada en la acera.

Una vez me vino un cliente que tenía un historial familiar de enfermedades cardíacas, y durante una sesión de terapia no me sorprendió encontrarle una mancha negra en su CEL, justo encima del corazón. Le expliqué que los médicos no habían encontrado ningún problema en su corazón porque la huella en su CEL aún no había penetrado en el cuerpo físico, y que podía eliminarla. Sin embargo, le advertí de que seguiría teniendo problemas en esa zona si no estaba dispuesto a hacer los cambios que necesitaba en su vida: en el nivel de la serpiente, llevando una dieta baja en grasas y haciendo ejercicio; en el nivel del jaguar, buscando maneras de reducir su estrés emocional, y en el nivel del colibrí buscando más significado y satisfacción en su vida. Mi cliente necesitaba actuar en todos los niveles de conciencia para recuperar su salud.

Exploremos los cuatro niveles con más detalle.

Conciencia de águila

La conciencia de águila es el nivel de percepción más alto. Los investigadores del cerebro podrían decir que aquellas personas que se encuentran en ese estado están experimentando en su mayoría *ondas delta*, donde la actividad de sus cerebros es tan lenta y tranquila que apenas mueve una aguja del EEG (la máquina que mide la actividad de las ondas cerebrales). Nuestros cerebros producen ondas delta cuando entramos en nuestro sueño más profundo, un estado en el cual no soñamos porque nos hallamos inmersos en un reino más allá de las palabras o imágenes. En eso es en lo que entramos cuando queremos conectar con la matriz divina de energía, el CEL del universo, y acceder a su sabiduría, poder y creatividad. Los budistas llaman a este estado «vacuidad», y los Guardianes de la Tierra, «el lugar tranquilo».

El águila tiene la capacidad de planear en las alturas sobre un valle, abarcando kilómetros y kilómetros de terreno, pero también de enfocarse sobre un ratón en el suelo, bajar en picado y capturarlo con sus garras. El águila es el símbolo del más alto nivel de percepción, donde somos capaces de tener la visión general y los detalles al mismo tiempo. En este nivel, experimentamos que somos parte de la omnipresente y omnisciente fuerza divina.

El águila es el dominio del Espíritu, de la creación que aún está por manifestarse. Cuando accedemos a ese estado, entramos en el «todo a la vez», en la eternidad en la que todo existe como posibilidad y tiene el potencial de aparecer en la llamada realidad. En el águila podemos examinar el futuro lejano y el pasado distante, sabiendo cosas que no podemos saber cuando permanecemos en un estado ordinario de conciencia.

Aquí podemos sumergir nuestra conciencia en el río del tiempo y viajar donde los mejillones se han arraigado en un lago, consumiendo el fitoplancton y causando la muerte de los peces y el crecimiento desenfrenado de las algas. Es decir, reconocemos lo que está pasando pero no lo calificamos de «problema». Simplemente percibimos todo lo que está a nuestro alrededor y comprendemos cómo la naturaleza interactúa con ella misma. Reconocemos que somos inseparables de los mejillones, los peces, el agua y las algas. En la unidad no vemos nada fijo o erradicado, ya que todo es parte de «lo que es». Somos una porción del mundo con toda su belleza y complejidad; no encontramos ningún límite entre nosotros, el Creador y la sorprendente creación.

En el nivel del águila podemos ver qué ocurrirá en nuestro futuro como resultado de las elecciones que hemos hecho en la vida. Vemos la muerte hacia la que nos encaminamos y la vida que viviremos mientras viajamos por ese territorio. No sentimos pánico ni empezamos a planear cómo cambiar la trayectoria; simplemente observamos, aceptamos y sentimos nuestra unidad con el ciclo de nacimiento y muerte, de invención, destrucción y reinvención.

En el águila nos damos cuenta de que la causa de nuestro comportamiento actual podría estar en el futuro, donde experimentamos el ataque al corazón y la muerte prematura que nos empuja hacia un camino que incluye consumir una dieta alta en grasas y azúcares y llevar un estilo de vida sedentario. Sabiendo que ése es nuestro futuro, podemos escoger retener ese conocimiento mientras volvemos a un nivel de conciencia más corpóreo y empezamos a sentir un deseo de juguetear con nuestra porción de creación.

Conciencia de colibrí

Para mantener su metabolismo extremadamente elevado, el colibrí debe consumir enormes cantidades de néctar. Algunas especies también tienen que almacenar bastante comida y energía para realizar su viaje migratorio anual desde el norte de los Estados Unidos y Canadá hasta Sudamérica. El colibrí es el símbolo del gran viajero, y en este nivel de percepción reconocemos que cada uno de nosotros tiene un viaje único que emprender. Para algunos, será de gran sufrimiento; para otros, de búsqueda y descubrimiento. Pero todos podemos disfrutar de un viaje de exploración y profundización, mientras nos hacemos más conscientes de nuestra naturaleza espiritual y de los dones únicos que podemos utilizar para ensoñar un mundo mejor y más hermoso.

Aquí estamos operando en el nivel del corazón y el alma. No estamos enfocados en encontrar centenares de flores de las que debemos beber para poder sobrevivir hoy; más bien nos estamos concentrando en el viaje que vamos a emprender. Tenemos el coraje de embarcarnos en el aparentemente imposible vuelo de 500 millas a través del océano. No tememos agotarnos en algún lugar del golfo de México, ni nos preocupamos de si tenemos suficientes reservas de energía, ni nos estresamos por saber dónde estará la próxima flor. Nos dirigimos hacia cada flor y bebemos su néctar, enfocando nuestro intento de emprender el gran vuelo hacia nuestro destino.

El estado de percepción del colibrí está asociado con el alma, que es consciente de que el Espíritu reside en nosotros. Aquí nos alejamos del hecho de protestar contra la guerra y empezamos a concebir cómo sería la paz, qué papel jugaríamos en ella y cómo nuestros talentos fomentarían ese mundo pacífico. Nos apartamos del «problema» de tener un hijo con autismo, y en su lugar imaginamos cómo sería su vida y la de toda su familia (incluyéndonos a nosotros) en su mejor versión para que podamos empezar a crearla. Reconocemos que nuestros problemas son oportunidades para profundizar en nuestra experiencia del Espíritu. Éste es el nivel en el que el intento moldea y da forma a la realidad, el lugar desde el cual accedemos a los dones del corazón y el alma, que nos permiten ensoñar valientemente.

Esta percepción está asociada con las *ondas theta*, la actividad del cerebro que tiene lugar cuando estamos en un sueño ligero, soñando o incluso sólo fantaseando mientras conducimos por la autopista. Es un estado profundamente creativo: las ideas que nos eludían en nuestras horas de vigilia ahora se nos aparecen simbólicamente. Éste es el dominio en el que percibimos en metáforas, y comprendemos por qué el pintor escogió pintar una flor blanca en su naturaleza muerta y todas las demás azules, sin tener que pensar en la respuesta.

En el colibrí observamos lo que no podemos notar en el nivel de la mente (jaguar) o de los sentidos (serpiente). Percibimos la percepción porque comprendemos cómo están entretejidos los diferentes sucesos y situaciones en un exquisito tapiz. Por ejemplo, vemos un divorcio como un final y como un principio, como una fuente de dolor y de feliz libertad al mismo tiempo. O podemos ver a alguien morir y sentir profunda pena, pero también experimentar dicha y sobrecogimiento mientras observamos la belleza de su traspaso desde este reino al otro.

En este nivel podemos utilizar la visualización para dirigir nuestro intento y organizar el mundo. La imaginería que creamos (el ensueño que nos permite pintar en el ojo de la mente) está acompañada por la certeza de que será así, junto con el placer de saber que la visión que estamos creando tendrá vida propia. Del mismo modo que el pintor se aproxima al lienzo con una idea de la imagen que quiere crear, pero luego cede al descubrimiento inesperado de que una imagen muy diferente está saliendo de su pincel, podemos disfrutar del entusiasmo de observar nuestro ensueño desplegarse por sí solo, a su propio ritmo, sorprendiéndonos y deleitándonos.

Conciencia de jaguar

En el Amazonas, el jaguar está considerado el guardián y el protector de la selva tropical. Es el mejor cazador: cae sobre su presa con rapidez y cambia una situación por completo en un instante. No tiene depredadores y vive libre de miedos. Es juguetón y curioso con el mundo, y planea su caza para asegurarse el éxito. Por esos motivos, los chamanes asocian al jaguar con el reino de las ideas que nos permiten explorar, planear y crear un repentino cambio en cualquier situación al modificar nuestra perspectiva. Éste es el nivel en el que pensamos y sentimos; aquí nuestros cerebros también experimentan las *ondas alfa*, que están asociadas con la meditación y la relajación, el sueño lúcido y el estado de conciencia que experimentamos cuando estamos a punto de quedarnos dormidos y de despertarnos. Ideamos maneras en las que podríamos llevar nuestras visiones a buen término, y ajustamos nuestro plan para mantener nuestra pasión ardiente mientras inspiramos a otros.

Operar desde el jaguar nos ayuda a manifestar nuestros ensueños, pues utilizamos nuestra mente y nuestras emociones para llevar a cabo nuestro intento. Sin embargo, debemos procurar no quedarnos atascados aquí; como dijo Oscar Wilde: «La acción es el último recurso de aquellos que no saben cómo soñar». Recuerda que es nuestra mente y las emociones, y las acciones inconscientes que resultan de ellas, lo que nos mantiene en una pesadilla poblada por los estereotipos de la víctima, el matón y el salvador.

Con demasiada frecuencia creemos que nuestra mente es tan lista que podemos pensar como queramos sin ningún problema, o dejamos que nuestras emociones manden y nos cierren a los sentimientos y pensamientos de otras personas o incluso a una visión más amplia. Nos atrincheramos en ser correctos y luego nos preguntamos por qué tenemos tantos conflictos y problemas. Eso es lo que ocurre cuando no dejamos que nuestros ensueños organicen y den forma a nuestros pensamientos, sentimientos y acciones.

Conciencia de serpiente

El nivel físico de la realidad está representado por la serpiente, que no tiene ni pensamientos ni emociones y que actúa por puro instinto. Encuentra un saltamontes y lo engulle sin sentir piedad o pensar en cómo será la experiencia de muerte del insecto. La serpiente hace lo que es necesario hacer: matar y digerir. En este reino físico, todo es exactamente como parece: una piedra es una piedra, una amenaza es una amenaza, una comida es una comida. No hay pensamiento, ni emoción, ni metáfora generada en el reino del alma. Todo es instintivo.

La serpiente puede ser un nivel de conciencia muy útil porque nuestros instintos pueden guiarnos bastante bien. Cuando hemos sintonizado con nuestros instintos, actuando con la aguda conciencia del mundo físico como hace la serpiente, podemos oler el peligro y la oportunidad, identificar la confianza o el temor en otro, y responder consecuentemente. Si no dejamos que nuestra mente nos saque de ahí, nuestra intuición puede ayudarnos enormemente a evaluar una situación y hacer lo necesario, de manera espontánea.

Desgraciadamente, para muchos occidentales, nuestros instintos se han vuelto defectuosos. Confiamos en la gente equivocada y apartamos a aquellos que realmente se preocupan por nosotros. Una amiga mía, por ejemplo, tenía los instintos tan mal que si había algún psicótico soltero en una fiesta, se sentía irresistiblemente atraída por él. Instantes después de conocerse, se estaban mirando fijamente a los ojos, completamente enamorados... y dos semanas más tarde me enteraba de que el señor Perfecto era un perfecto estúpido.

Cuando estamos atascados en el nivel de la serpiente, no hay ensueño que organice nuestra realidad, ni siquiera historia que dé sentido a nuestros sentimientos; sólo hay acción. Cuando un extraño aparece inesperadamente en nuestro patio, lo percibimos como una amenaza y actuamos por puro instinto. Por supuesto, para ser parte de una sociedad, debemos ser capaces de comprobar semejante comportamiento; después de todo, se espera que utilicemos el sentido común más que atacar a cualquiera que se meta por casualidad en nuestra propiedad. (Por suerte, en el jaguar tenemos leyes para regular el comportamiento de la gente y mantenemos la paz.)

Organizando desde arriba

Los cuatro niveles de conciencia pueden concebirse como cuerpos energéticos de diferente frecuencia, con el más sutil y de más alta vibración envolviendo y organizando los de mayor densidad, como las famosas muñecas rusas. El cuerpo del Espíritu es la matriz del mismo universo, que envuelve al individuo como una madre abrazando a su hijo; es la matriz de energía asociada con la percepción del águila. El alma es el CEL, un campo vibratorio de luz que actúa como plantilla de nuestros pensamientos, sentimientos y el cuerpo físico. El CEL rodea nuestro cuerpo mental y emocional, y en el centro de todos ellos está la energía densa del cuerpo físico. El Espíritu forma el alma, que a su vez forma la mente, las emociones y la personalidad, que a su vez forman el cuerpo en su propia imagen. El cuerpo no puede comprender cómo encaja todo eso, y la mente se queda atónita con la idea de que no está al cargo de todos esos niveles de realidad.

Cada uno de los cuerpos de energía incluye a los que tiene dentro, pero no puede ser descrito por ellos. Por eso, el alma contiene la mente y el cuerpo, pero no puede ser explicada por ellos. En colibrí somos conscientes de todo lo que sabemos en jaguar y en serpiente.

Podemos compararlos con los cuatro niveles de organización en el cuerpo físico: células, tejidos, órganos y criaturas. Las células de un águila se unieron primero como tejidos y luego formaron órganos, pero ni las células del estómago, ni los tejidos de las paredes estomacales, ni el propio estómago saben nada de cazar; sólo juegan su papel en el proceso digestivo. Únicamente el águila comprende la cacería para comer. Mientras que cada uno de sus sistemas funciona en su propio nivel con perfección, ninguno de los niveles inferiores puede existir si el pájaro no caza y come. El águila no puede ser descrita por sus células, tejidos u órganos, pero los contiene a todos ellos. Los niveles superiores incluyen a los que están por debajo de ellos pero no pueden ser definidos por ellos. El nivel de conciencia debe elevarse para comprender la caza.

Los cuatro niveles de conciencia tienen cada uno un tipo de conciencia particular. En el nivel físico nos preocupa lo más básico: alimentarnos, fornicar, luchar y huir. Aquí nuestra fuerza es el pensamiento inconsciente: «Mato/follo/como/corro, luego existo». En el nivel de la mente somos guiados por la idea: «Pienso, luego existo». El alma es guiada por la comprensión: «Soy, luego existo». Éste es el nivel en el que nos hacemos conscientes de la divinidad en nuestro interior y a nuestro alrededor. Yaveh, el nombre hebreo de «Dios», significa esencialmente: «Soy el que soy». Es un estado del ser y de conciencia que nos lleva más allá del reino de los meros pensamientos, sentimientos y palabras hasta uno en el que sólo la poesía, la metáfora y el arte pueden capturar lo que experimentamos. En el nivel del águila, no existe ningún tipo de «yo», ninguna conciencia individual. Sólo hay Espíritu. Es a lo que el poeta persa Rumi se refería cuando decía: «He dejado de existir, sólo *tú* estás aquí».

Para ensoñar con valentía, entramos en el águila, el reino de la infinita creatividad y la verdadera originalidad, y luego regresamos a la conciencia de colibrí para conducir la tremenda fuerza de nuestro intento. Empezamos a ensoñar desde este nivel del alma (donde la poesía, la metáfora y la visión son nuestra paleta), y nos abrimos a cualquier manera en que se despliegue el ensueño. Utilizando la conciencia disponible para nosotros en el jaguar, nos encontramos pensando y sintiendo de acuerdo con nuestro ensueño, y en la serpiente nos sentimos impulsados a actuar también en consecuencia.

En cada uno de esos niveles podemos acceder a un tipo diferente de coraje que puede ayudarnos a ensoñar las vidas que ansiamos experimentar. Del mismo modo que los cuatro niveles de conciencia son necesarios para enfrentarse al mundo creativamente, los cuatro tipos de coraje nos posibilitan actuar de maneras que verdaderamente marcan la diferencia.

CAPÍTULO CINCO

Cuatro tipos de coraje

Es curioso que el coraje físico sea
tan habitual en el mundo y el coraje moral tan raro.
MARK TWAIN

Como especie, los humanos somos muy intrépidos. Desde que aparecimos en el planeta, hemos encontrado maneras de sobrevivir a los elementos, superar los desafíos de la naturaleza que han amenazado nuestra supervivencia, y explorar nuestro mundo para hacer nuestras vidas menos abrutadas y cortas. Sin embargo, tenemos mucho más potencial para el coraje de lo que estamos mostrando en la actualidad. La dificultad es que habitualmente no accedemos a nuestra valentía, y cuando lo hacemos, sólo estamos utilizando su forma más primitiva. Esta forma física del valor es útil a veces, pero en Occidente, especialmente, la sobrevaloramos y pasamos por alto otras formas que hoy son mucho más necesarias: la del Espíritu (coraje de águila), del alma (coraje de colibrí) y de la mente (coraje de jaguar, también conocido como *coraje intelectual, moral* o *emocional*).

Si bien estamos particularmente necesitados del coraje del alma en este momento de nuestra historia, los cuatro tipos al final afectan a nuestra capacidad de cambiar nuestras vidas para mejor, porque cada uno de ellos está arraigado en una conciencia que da forma a nuestras acciones. Con la conciencia de águila comprendemos por qué nacimos en las familias y las vidas que tenemos, además de qué vinimos a aprender y descubrir en este mundo. Con la conciencia de colibrí dibujamos los mapas del alma para navegar por nuestras vidas y nos armamos de valor para emprender nuestro gran viaje. Con la conciencia de jaguar seleccionamos la situación, las compañías y los esfuerzos que nos permitirán explorar con entusiasmo nuestros mapas del alma. Con la conciencia de serpiente llevamos a cabo acciones que nos mantengan fieles a nuestro viaje.

Este capítulo nos ayudará a examinar detenidamente cada tipo de coraje para que podamos sacarle provecho cuando llegue el momento.

Coraje de águila

En la conciencia de águila estamos conectados a la matriz divina, conscientes de que somos uno con la fuerza infinita del universo. Ser verdaderamente creativos y obtener inspiración desde este nivel (el del Espíritu de genuina originalidad) es la forma más elevada de coraje.

Pero originalidad no significa imaginar cómo construir una ratonera mejor; significa concebir un mundo en el que los ratones y los humanos viven en armonía y nuestras vidas son satisfactorias, abundantes y sostenibles. Eso sólo puede ocurrir cuando dejamos de percibir a los ratones como adversarios separados de nuestro mundo... lo cual viene a nosotros fácilmente cuando estamos en la conciencia de águila.

Hace poco leí que un chico de Canadá había mostrado un gran coraje de águila. Ryan Hreljac tenía sólo 6 años cuando aprendió en la escuela que hay gente en África que no tiene acceso a agua limpia y, como resultado, a menudo mueren muy jóvenes de enfermedad. Ryan no podía creer que alguien tuviese que caminar todo el día para llegar hasta una fuente de agua limpia, por lo que, aunque fuese un alumno de primero, decidió encontrar algún modo de financiar un pozo para una aldea africana. Empezó preguntando a sus padres si podía realizar tareas domésticas para ganar algo de dinero, y cuando llevó sus escasas ganancias a una organización benéfica que construye pozos en África, estuvieron tan impresionados por sus esfuerzos que prometieron aceptar cualquier cantidad que les llevase.

Comenzaron a aparecer artículos de periódicos por todo el mundo acerca de aquel niño de buen corazón, y al haber cada vez más personas que conocían la historia, empezaron a contribuir en lo que llegó a conocerse como «el pozo de Ryan». Al final, el pequeño fue capaz de pagar por su pozo en África; su caridad ha inspirado a mucha gente a contribuir a la causa, y muchas más aldeas han recibido pozos como resultado de sus esfuerzos.

Por lo tanto, podemos ver que cuando tenemos coraje al nivel del águila, tenemos una perspectiva que está más allá de nuestra edad y experiencia. No actuamos en connivencia con la pesadilla de la impotencia, sino que confiamos que encontraremos los recursos que necesitamos para manifestar nuestro ensueño. El águila nos proporciona el valor para adentrarnos en lo desconocido y confiar en que las posibilidades se presentarán ante nosotros. En este estado de creatividad, todos los filtros de nuestra mente que nos dicen por qué no podemos lograr algo desaparecen.

Este nivel de fluidez inspirada es en el que los músicos entran cuando están improvisando: existen en el mismo espacio creativo, sin límites que los separen. Sin palabras ni lenguaje corporal, se comunican instantáneamente entre ellos; sin tener un plan específico sobre cómo debería desarrollarse la música, crean un torrente de melodía juntos que se los lleva consigo. Cuando después escuchan la grabación, pueden sorprenderse de lo fácil y natural que lo han hecho, de manera muy parecida a una bandada de aves. Esos músicos sabían exactamente qué ir tocando sin tener que idearlo de antemano.

Experimentar la creatividad en el nivel del águila es lo que algunos de nosotros llamamos estar «en sintonía», o en perfecta armonía con sea lo que sea que estemos haciendo. Como estamos co-creando con lo divino, la escultura sale de la piedra que la ha estado cubriendo, nuestro partido de tenis parece fácil de jugar, y cosas así. La creatividad del águila es fresca, original y valiente; no necesitamos una historia que la describa porque simplemente podemos disfrutarla con toda su fantasía, desorden, confusión, esplendor y belleza.

El regalo de Prometeo

Para comprender el tipo de coraje que proviene del nivel del águila, es útil considerar la historia de Prometeo, el dios griego de la inspiración, el arte y la creatividad. Según el mito, Prometeo era un titán, un gigante nacido de los dioses. Sin embargo, sentía una gran simpatía por los seres humanos porque los había co-creado con la ayuda del propio Zeus. Prometeo observaba a los humanos temblar en el frío y llevar unas cortas y difíciles vidas, y los compadecía. Sabía que si la gente pudiese tener el *Donnelly* del fuego, que los dioses guardaban para ellos en el monte Olimpo, podrían experimentar la calidez y cocinar la comida; también podrían utilizarlo para ver de noche y para calentar el metal y forjar herramientas. Simbólicamente, el fuego que Prometeo quería llevar a la humanidad representa la creatividad y la inspiración, porque transforma e ilumina. Es lo que nos permite ensoñar con originalidad.

Prometeo robó el fuego del hogar de los dioses y lo otorgó a la humanidad, enfureciendo a Zeus. Si bien el rey de los dioses no pudo arrebatarles el fuego a los humanos, sí pudo castigar a Prometeo por su rebeldía. Por eso le encadenó a una roca, donde un águila le devoraría el hígado cada día y durante la noche le volvería a crecer para que la tortura pudiese continuar. El pobre Prometeo sufrió ese destino hasta que muchos años más tarde Hércules, el hijo de Zeus, apareció y le liberó.

Prometeo trajo a la humanidad otro gran don: el coraje para desafiar a los dioses, la capacidad para tener pensamientos originales y para crear, y ese acto descarado fue lo que realmente le causó tan severo castigo. En los mitos griegos los dioses son los únicos creadores, y cuando los mortales merodean en su territorio es como robarle a alguien su poder de crear e intentar ser como dioses. Otras religiones patriarcales han adoptado la misma actitud hacia los humanos que invaden el dominio de Dios: por ejemplo, Adán y Eva, que se atrevieron a conocer el bien y el mal, fueron expulsados del idílico Jardín del Edén y castigados por Dios. Pero ese acto de rebeldía lanzó a los humanos a nuestro verdadero viaje, obligándonos a madurar y a desarrollar el discernimiento.

El poder de la creatividad

Desde la conciencia de águila somos capaces de explotar la creatividad que se extiende mucho más allá de las limitaciones de nuestra mente y sus poderes de inventiva. Cuando nuestra ingeniosidad nos da un incrementado poder sobre la vida y la muerte, por ejemplo, muchos dicen que estamos «jugando a ser Dios» al atrevernos a producir células madre o modificar el ADN, como si el divino no quisiese que jugásemos con su obra de arte. El águila nos permite desafiar a las mezquinas y celosas pequeñas deidades que nuestra mente crea con sus limitaciones; entonces cada acto de verdadera creatividad es un acto revolucionario que nos libera de esas furiosas deidades.

En nuestras vidas diarias, nuestra creatividad desafía a los dioses que nuestra cultura adora y teme: los de la codicia, el patriotismo, la conformidad, el prestigio y cosas así. Sin darnos cuenta, rendimos homenaje a esos dioses y nos sometemos a su tiranía cuando estamos perdidos en nuestra pesadilla; pero cuando nos burlamos de ellos viviendo creativamente, todo el mundo se vuelve muy incómodo.

No hace mucho, una asociación de propietarios de casas provocó un gran revuelo porque alguien bajo su jurisdicción había colgado una corona con la forma del símbolo de la paz en su puerta durante la época navideña. ¿Era aquello un símbolo que honraba al Príncipe de la Paz o una afirmación antibelicista que violaba una de las reglas de la asociación acerca de los anuncios políticos? El alboroto llegó a ser noticia nacional, y la gente discutía sobre la corona y lo que debería hacer el «dios» de la asociación.

Todos los grandes creadores fueron rechazados por los dioses de su época, que temían la originalidad y creían que eran mejores. Después de graduarse en la universidad, por ejemplo,

Albert Einstein no pudo encontrar trabajo en ninguna universidad porque sus profesores no querían escribirle cartas de recomendación. Lo que ocurría era que aún estaban irritados por el hecho de que se hubiese saltado sus clases para trabajar de manera independiente en cosas mucho más avanzadas de las que ellos estaban enseñando. Consiguió unos cuantos trabajos raros, como profesor particular de niños, antes de que finalmente acabase logrando un empleo en una oficina de la propiedad intelectual.

A Vincent van Gogh su hermano Theo le dijo que el motivo por el que sus cuadros no se estaban vendiendo en París era que resultaban demasiado oscuros y sombríos comparados con los de los enormemente populares impresionistas. Y cuando Johnny Depp trabajó por primera vez representando el personaje de Jack Sparrow en la película *Piratas del Caribe: la maldición del Perla Negra*, fue llamado por unos aterrorizados ejecutivos cinematográficos que querían saber qué estaba haciendo; pensaban que su interpretación era estrafalaria y que estaba arruinando la película. Pero el film llegó a ser tal éxito de taquilla que generó dos secuelas, y la interpretación de Depp en aquella primera película le hizo ganarse una nominación de la Academia.

A menudo somos incapaces de reconocer el genio creativo y el gran talento en nuestra cultura, sea en artistas o científicos, y los tratamos como a una amenaza para nuestras organizaciones. No es raro oír en los círculos científicos que es más fácil conseguir financiación para estudiar los hábitos reproductivos de la mosca de la fruta que para una investigación original en la que haya una alta probabilidad de fracaso. Nadie quiere correr el riesgo de quedar mal sólo por ser creativo; después de todo, semejantes individuos tienen que desafiar a los dioses de la Academia, la opinión pública y el «gusto» aceptado. Los creadores a menudo sufren castigo por romper las viejas reglas, al igual que

Prometeo; Galileo fue sentenciado a arresto domiciliario por la Iglesia católica por sugerir que la Tierra gira alrededor del sol, y Van Gogh sólo vendió un cuadro en toda su vida y acabó funestamente pegándose un tiro en el pecho después de tener que declararse en bancarrota.

Cuando adoramos a los celosos, mezquinos y tiranos dioses de nuestra cultura nos quedamos sin originalidad y nos cerramos a nuevas ideas. Sin embargo, si tenemos el coraje de águila y aceptamos la originalidad, imaginamos un mundo en el que no existen reglas absolutas acerca de lo que constituye el verdadero arte, nos deleitamos en lo que es inusual, extravagante e inesperado, y lo que nuestros vecinos ponen en sus puertas no nos afecta de ningún modo.

El individuo creativo es un maestro del coraje, la persona en la multitud que proclama que «el emperador no lleva ropa» cuando todos los demás temen decir algo. Puede hacerlo porque es sincero consigo mismo y con su ensueño, y no tiene miedo. Puede que no sea un bailarín ni un poeta, pero vive su vida como un artista, entregado al poder de la creatividad, viendo belleza en todas partes.

Demasiados de nosotros hemos olvidado cómo ser creativos como solíamos serlo cuando éramos niños. En la historia del emperador que no llevaba ropa es un niño quien apunta su desnudez, diciendo la verdad sin miedo. Los niños apenas conocen el miedo; aún no han aprendido a reconocer a los dioses de la codicia, el prestigio y la conformidad. Por eso se encogen de hombros cuando alguien les pregunta por qué han escogido ponerse botas de agua y una falda de tul rosa en un caluroso día de verano. No dejan que sus mentes racionales o sus preocupaciones se metan de por medio en lo concerniente a su imaginación. Cuando Jesús dijo que para entrar en el reino de los cielos debíamos ser como niños, nos estaba indicando nuestra necesidad de abrirnos a la inventiva y a la inspiración divinas si queremos experimentar el logro, la dicha y el cielo.

~ ~ ~ ~

Ser creativo requiere que te liberes de ese gran cubo de agua fría que te tiras sobre ti mismo y tus ideas cada vez que las cosas se ponen realmente interesantes. Necesitas dejar de preguntarte: «¿Se ofenderá alguien?» o ¿«Quién soy yo para hacer preguntas?», y empezar a plantearte: «¿Qué pasará si...?». ¿Cómo sería la vida si no estuvieses casado... o si no estuvieses casada con tu imagen de ti misma como la poderosa e independiente mujer que no necesita a un hombre? ¿Cómo sería tu relación con tu cuerpo si dejases de medir, comparar, preocuparte, sentirte culpable y obsesionarte sobre su estado de belleza? No tienes por qué afeitarte la cabeza, ponerte un sayal y cambiarte el nombre como si estuvieses entrando en un monasterio, pero sí que *puedes* abandonar las ideas estrictas que tienes acerca de quién eres, de cómo quieres que la gente te perciba o de cómo se supone que tiene que ser tu vida.

Eso me recuerda a un exitoso empresario que conozco, que decidió a los 60 años que quería convertirse en artista. Dejó su negocio y se trasladó a una isla en el Mediterráneo donde «la luz era simplemente perfecta» para pintar. Aunque no había cogido un pincel desde la escuela primaria, compró un caballete y óleos, y empezó a dejar que el lienzo en blanco le enseñase. Al principio, tan sólo garabateaba y rascaba la tela. Pero con el transcurso de las semanas, descubrió que tenía paisajes enteros en su interior, y empezaron a fluir sobre su lienzo.

Pocos años después, el arte de ese hombre se estaba exhibiendo en galerías de toda Europa. Incluso hoy, cuando le pregunto si es que simplemente tenía un gran talento que estaba esperando emerger, él responde que no tiene ningún «talento», sólo un gran amor por lo que hace. Dice que no sigue ningún estilo ni técnica; únicamente permite que el pincel le guíe en una danza a través del lienzo, y nunca ha sido más feliz.

Coraje de colibrí

En la conciencia de colibrí engranamos la vida desde el nivel del alma. Del mismo modo que el diminuto pájaro encuentra el valor para emprender su monumental viaje, podemos descubrir el coraje de percibir nuestras propias vidas como un viaje de crecimiento y descubrimiento, de maduración espiritual. No nos preocupamos por los detalles de nuestro vuelo porque nos sentimos confiados de que, sea cual sea el tiempo que haga en Carolina del Norte o cuántos puntos de descanso habrá mientras atravesamos el golfo de México, lograremos llegar a nuestro destino.

El colibrí ni siquiera se supone que pueda volar, dada la forma y el peso de su cuerpo. Asimismo, algunos de nosotros sentimos que no fuimos hechos para surcar los cielos; lo que sí parece claro es que fuimos diseñados para caminar pesadamente por el lodo o abrirnos camino en un pantano. Pero a pesar de pensar que no tenemos suficiente tiempo, suficiente dinero o suficientes «alas», cada uno de nosotros tiene un gran viaje que está disponible si es que escogemos aceptar la invitación de la vida y responder la llamada.

Puede ser muy difícil liberarnos de nuestras preocupaciones cotidianas y permitir que el coraje del alma surja en nuestro interior. Nuestro hábito es percibir problemas en nuestras vidas, y luego pensar y trabajar más duro para resolverlos y crear felicidad para nosotros. Como mi mentor chamán me dijo una vez:

«Alberto, siempre estás recomponiendo tus castillos de arena en la orilla de la laguna que es tu vida». Estaba comparando mi vida con uno de los lagos semicirculares del Amazonas, que parecen estar separados y ser independientes pero en realidad están todos alimentados por el poderoso río Amazonas. Continuó diciendo: «Y luego hay una oleada desde las cimas, el río crece y derrumba todos tus sueños y planes. Si quieres cambiar tu vida, tienes que ir río arriba. Allí podrías desviar el agua fácilmente con tan sólo la palma de la mano».

Él tenía razón; estaba constantemente reacomodando las situaciones de mi vida, pensando que la pareja o el trabajo correctos «arreglarían» toda mi infelicidad. Y si eso no funcionaba, me esforzaría en explicarme por qué no podía crear felicidad: mi esposa no me apoyaba, mis iguales no me aceptaban, tenía una baja autoestima que provenía de mi infancia... Creé una larga lista de razones por las que era miserable. En mis vanos intentos de arreglar las cosas en el nivel del jaguar, no comprendía que en realidad tenía el poder de crear felicidad, pero debía hacerlo río arriba. Sólo entonces podría liberarme de la interminable tarea de intentar arreglar mi vida y superar aquella exhaustiva lista. Necesitaba ensoñar con valentía desde el nivel del colibrí para que pudiese empezar a manifestar mi ensueño natural y fácilmente, sin todo el «esfuerzo» que había estado haciendo.

Recientemente, una clienta me estaba hablando acerca de un maravilloso hombre que había conocido. La primera noche que pasaron juntos le contó la interminable historia de su último amante para explicar por qué temía tener relaciones íntimas. Se sorprendió cuando, después de su historia, él saltó de la cama y se marchó con un apresurado adiós. No volvió a saber nada más de él.

Comprensiblemente, esa mujer quería establecer seguridad para sí misma en cada paso de la danza de la intimidad; sin embargo, mi sugerencia fue que escogiese al hombre correcto antes de acabar en la cama. No pretendí decirle que tuviese que escogerlo como si sólo hubiese uno, sino que eligiese a alguien en quien pudiese confiar para que no tuviese que concentrarse en su necesidad de seguridad. Más bien podría sólo entregarse a la arriesgada experiencia de descubrir el amor como si fuese la primera vez.

~ ~ ~ ~

El coraje de colibrí puede potenciarnos para reescribir nuestras historias y convertirlas en míticas y heroicas. Contemplando la vida como un viaje de descubrimiento y crecimiento (y a nosotros como decididos colibrís dispuestos a confiar en que tendremos todo lo que necesitamos en nuestro viaje), empezamos a pintar un cuadro diferente acerca de quiénes somos y de qué significan los acontecimientos de nuestra existencia. En este nivel encontramos el coraje para ser el tejedor de sueños. Así la historia de un fracaso puede convertirse en una de renacimiento y redescubrimiento; la saga de una pérdida o una enfermedad puede ser ahora una de iniciación en la tribu de supervivientes que pueden guiar sabiamente a otros mediante ese tránsito. Incluso cuando estamos sufriendo mucho, podemos acceder al coraje de colibrí y empezar a contar una historia que alivie nuestro dolor y nos recuerde nuestra capacidad de recuperación.

Los americanos tenemos mucha experiencia ensoñando en el nivel del alma: ensoñamos los derechos civiles, la igualdad de derechos de las mujeres y la escolarización gratuita para todos; y nuestra Constitución y Declaración de Independencia son maravillosas descripciones de ensueños valientes del alma. Sí, nuestras acciones a menudo necesitaban correcciones para estar en concordancia con esos ensueños, pero una y otra vez hemos vuelto a ellos. Una de las razones por las que el movimiento por los derechos civiles adquirió tanto impulso, e inspiró a tanta gente a arriesgar su reputación e incluso su vida por involucrarse, es porque cuando encaraba la vida de increíble justicia, las personas que realmente mantenían el intento de libertad y justicia para todos en su corazón podían ver que las antiguas leyes y el trato a los afroamericanos no estaban en absoluto en sincronía con el ensueño colectivo. Por consiguiente, aquellos que estaban en el movimiento encontraron el coraje para reajustar sus pensamientos, sentimientos y comportamientos; y entonces actuaron.

En el colibrí podemos reescribir tanto nuestra historia personal como cultural. Por ejemplo, no tenemos que escribir historias de guerras: la guerra contra las drogas, contra el terror o contra la pobreza. En lugar de eso, podemos imaginar una ecología colectiva que deja la contaminación química obsoleta, o enfocarnos en sanar las condiciones que crean el ansia que lleva a la violencia. Podríamos ensoñar un jardín de abundancia creciendo en cada rincón del mundo.

Muhammad Yunus, ganador del Premio Nobel de la Paz 2006 y fundador del Grameen Bank, es uno de los creadores de la microfinanciación. En lugar de abrazar la desalentadora historia de que siempre habrá pobreza, visualizó ayudar a mujeres individuales invirtiendo dinero en sus empresas. Su banco prestaba pequeñas cantidades, en ocasiones de tan sólo 100 dólares, a mujeres en países en desarrollo porque creía que, al hacerlo, estaría regando las semillas de la abundancia que ellas ya poseían.

Lo que Yunus y otros microfinancieros descubrieron es que, a pesar de la lamentable pobreza, las mujeres que se beneficiaban de semejantes préstamos les devolvían el dinero en un porcentaje de casi el 100%. Utilizaban su dinero no sólo para ellas y sus hijos, sino para emplear también a otras mujeres. Esas féminas recién potenciadas reconocen que al devolver sus créditos están ayudando a otras como ellas a salir de la pobreza.

El coraje de colibrí requiere acabar con el viejo conjunto de símbolos que hemos interiorizado y crear uno nuevo. ¿Qué aspecto tendría nuestro nuevo conjunto de símbolos? Necesitamos coger papel y lápiz para hacerlo, garabatear, y encontrar los signos de transformación que emergen del esbozo. Los símbolos pueden aparecer en sueños y durante la vigilia; podrían ser proporcionados por un sanador cuando le da al cliente una piedra y le pide que la lleve en el bolsillo y que frote la mano y los dedos en ella.

Para que cualquier símbolo tenga significado, sin embargo, debe surgir del corazón, no de la mente. Lo que somos se refleja y se anuncia al mundo por los símbolos con los que nos rodeamos. El tipo de gafas que llevamos, el estilo de zapatos que compramos, cómo decoramos nuestras casas, e incluso la manera en que caminamos y gesticulamos son parte de un conjunto simbólico que declara: «Soy yo». Cuando estamos en el proceso de cambio, es habitual querer ordenar nuestros armarios, cambiar nuestro aspecto, mudarnos de apartamento o ciudad... pero tenemos que hacer algo más que alteraciones superficiales.

En otras palabras, una mujer divorciada tendría que comprender la importancia simbólica de donar su vestido de novia a una organización caritativa local. Desecharlo simplemente sin permitirse sentir lo que significa decir adiós a ese símbolo no la va a ayudar a cerrar el libro de ese capítulo de su vida. El sueño perdido, la persona que era... todo lo que representaba su vestido de novia permanecerá en el armario de su psique después de que la propia prenda haya desaparecido. Llevar a cabo actos simbólicos en el nivel del colibrí cambia la calidad y la vibración energética de su cuerpo de energía luminoso y le permite curarse.

Requiere un gran coraje de alma percibir que liberarse de un antiguo sueño no es una concesión al fracaso, sino un valiente acto de dar a luz un nuevo yo.

Coraje de jaguar

En la conciencia de jaguar podemos acceder a otro tipo de coraje muy útil, el de la mente y las emociones. A veces se le llama «coraje moral», y es lo que nos permite hablar acerca de lo que creemos que es correcto y justo para gente que no es receptiva a nuestras creencias. El coraje moral nos anima a arriesgarnos al rechazo y al ridículo, y a menudo contradice la mera valentía física, que nos ayuda a hacer lo necesario para sobrevivir. Con el coraje moral podemos realmente arriesgar nuestra propia seguridad para actuar de acuerdo con nuestras creencias más profundas. Éste es el valor que los bomberos utilizan cuando entran a toda prisa en un edificio en llamas, aunque sus instintos les están diciendo que permanezcan fuera; y es lo que mantiene a los amantes fieles el uno al otro cuando las cosas no están yendo bien, en lugar de buscar maneras de escapar de la relación.

El coraje moral requiere que estemos dispuestos a admitir nuestros defectos y manías. Si somos obsesivos o exigentes, reconocemos la parte buena de esas cualidades así como la mala e intentamos ser conscientes de cómo ambas nos sirven y nos perjudican. Podemos experimentar nuestras emociones al mismo tiempo que las ponemos en perspectiva. Después de haber sido traicionados por alguien, por ejemplo, reconocemos que es normal querer hacerle sufrir por lo que hizo, pero también tenemos en cuenta el sentido común y una comprensión de por qué es mejor liberarse de la ira y seguir adelante. El coraje moral nos permite sopesar ambas caras del asunto y reconocer que el comportamiento de los demás es normalmente el resultado de sus propios asuntos psicológicos y su obsesión con sus sentimientos; no es que quieran herirnos, sino que es lo que recibimos en lo concerniente a sus dramas.

Cuando carecemos de coraje de jaguar, sólo nos enfocamos en nuestra propia supervivencia, y la compasión nos elude. No nos importa el problema que pueda tener otra persona; sólo queremos asegurarnos de que no estamos sufriendo. Pero cuando estamos en el nivel del jaguar, hacemos lo correcto sin tener en cuenta el riesgo o el coste. Semejante coraje es lo que llevó a los neoyorquinos a liberarse de sus propios miedos el 11-S y a aprovechar sus oportunidades de ayudarse mutuamente: tanto si fue el hombre que bajó en brazos a su colega discapacitado por docenas de tramos de escaleras llenas de humo hacia un lugar seguro, como los comerciantes del barrio chino que regalaban zapatillas a mujeres con altos tacones que tenían que andar kilómetros para llegar a casa, o el propietario de una tienda de bicicletas que prestó todas las que tenía en alquiler a extraños que necesitaban volver a casa, pidiéndoles sólo que las devolviesen cuando no las necesitasen. Las preocupaciones acerca de la seguridad personal o los beneficios comerciales se olvidaron aquel día gracias al coraje de jaguar.

Ese nivel también nos proporciona coraje emocional. Por ejemplo, algunos de nosotros podemos seguir casados durante años pero no conseguir nunca una verdadera intimidad, compartiendo sólo tareas, sexo y finanzas. Con el coraje emocional, comunicamos nuestras esperanzas y sueños a nuestras parejas, así como nuestras vulnerabilidades y autojuicios, y nos abrimos a *ser* amor en lugar de estar *enamor*ados. A menudo, nuestro temor de no estar bajo control nos impide ser honestos respecto a nuestras emociones y crear una nueva historia a la que podamos invitar a nuestras parejas para que participen.

Y el jaguar nos deja disfrutar del coraje intelectual, también. Es lo que los científicos aprovechan cuando se liberan del dogma y la teoría del momento y exploran nuevas posibilidades; desde Galileo investigando la relación de los planetas con el sol sin tener en cuenta las enseñanzas de la Iglesia católica en la Edad Media, hasta un científico de hoy en día insistiendo en que no está loco por estudiar la no localidad (la capacidad de influir en acontecimientos desde cierta distancia). El coraje de jaguar permite a todo el mundo incorporar nueva información a su cosmovisión, sin tener en cuenta si es un nuevo descubrimiento científico o algo que un hombre acaba de saber de su pareja sentimental que contradice el concepto arraigado que tenía de ella.

Una de mis citas favoritas es la siguiente, tomada de un discurso pronunciado por el ganador del Premio Nobel el físico Richard Feynman: «Mi deber es convencerlos de *no* darse la vuelta porque no lo entiendan. ¿Saben? Mis estudiantes de física tampoco lo entienden. Y es porque *yo* no lo entiendo. Nadie lo entiende». Dicho de otro modo, es fácil apegarse a nuestros propios prejuicios. Incluso Einstein decía que los primeros trabajos de mecánica cuántica parecían un «sistema de engaños de un paranoico sumamente inteligente». Pero cuando nos encontramos en un estado de coraje de jaguar, rompemos con las viejas maneras de pensar e intentamos ver las situaciones de otra forma.

~ ~ ~ ~

Los artistas creativos tienen la maravillosa capacidad de liberarse de los juicios y abrirse a utilizar el color «incorrecto» o componer en el género «inapropiado». Ray Charles, uno de los músicos de nuestro tiempo con más talento, frustraba a menudo a su compañía discográfica creando música con un estilo nuevo en lugar de utilizar aquel al que ya estaban habituados (y que sabían cómo empaquetar y vender a un determinado mercado). Los ejecutivos gruñían cuando llegaba con un puñado de canciones de *country-blues* o melodías de *rhythm and blues* en lugar de lo que estaban esperando, pero Charles rechazó ser encasillado y aceptar lo que todo el mundo creía que funcionaba. Como resultado, pudo crear obras de arte verdaderamente originales.

En nuestras propias vidas perdemos la capacidad de infringir las normas y ser creativos muy rápidamente cuando entramos en la adolescencia y ansiamos comportarnos como nuestros compañeros. Curiosamente, es ese instinto de querer amoldarse lo que nos hace desear ser «únicos» entre las masas, aunque vistamos, hablemos y andemos como todos lo demás. «Únicamente tuyo» o «Eres único» son expresiones que se utilizan en el marketing para vendernos todo lo que sentimos que nos hará diferentes de los de la puerta de al lado. Nuestra carencia de coraje nos hace olvidar nuestra capacidad infantil de maravillarnos, soñar, disfrutar del absurdo y ser inventivos.

Recuerdo que, cuando era niño, los chavales del barrio y yo solíamos construirnos nuestros propios juguetes, que a menudo eran más divertidos que los camiones o los muñecos de vaqueros que mi madre me compraba por Navidad. De hecho, el que recuerdo con más cariño es un aro que cogí de una bicicleta rota y con el que corría por toda la calle, guiándolo con un palo.

Desde el punto de vista del jaguar, nuestro impulso de ser únicos acaba convirtiéndose en una vida de cobardía. El felino de la jungla insiste en que reconozcamos nuestra similitud, que todos estamos en esta tierra juntos y que somos hermanos y hermanas. Sólo cuando reconocemos que no somos especiales podemos realmente ser originales: podemos tener el coraje de mirar lo que cualquier otra persona está mirando y pensar algo diferente al respecto.

La conciencia de jaguar puede traernos de vuelta a un estado de apertura y entusiasmo, pero se requiere coraje para actuar con nuestra creatividad y no simplemente sentarse y considerar cómo serían nuestras vidas si tuviésemos la audacia de manifestar nuestra visión. Sin coraje podemos llegar a perdernos en la fantasía, adoptando poses y hablando acerca de todas las grandes cosas que aspiramos ser o hacer pero sin seguir nunca con nuestros planes. Sí, podemos tejer sueños, pero si no se les da forma con el alma, pueden transformarse fácilmente en pesadillas. Necesitamos la conciencia de colibrí para reconocer que nuestros sueños a nivel del jaguar están limitados por las percepciones de nuestra mente y de las fuertes emociones que pueden dominar nuestro pensamiento.

Ahí va un ejemplo. El deseo de convertirse en una estrella de *rock*, basado en una necesidad de tener chicas guapas haciéndote caídas de ojos, se convierte en la ambición de poseer una colección de guitarras caras para colgar en la pared y presumir de ellas ante tus amigos… y tú nunca acabas de reconocer que te sientes como una estrella de *rock*. Con el coraje del corazón te das cuenta de que dirigir una organización con originalidad y compasión o criar a tu hijo con honestidad e integridad es tan «*rock and roll*» como marcarse un solo delante de fans enloquecidas. Cambias la falsa bravuconada por la verdadera valentía y vacíos símbolos de rebelión por auténtica revolución.

El coraje de jaguar, por lo tanto, requiere que comprendamos las limitadas percepciones creadas por nuestros pensamientos y sentimientos, y permanezcamos vigilantes por si nos quedamos atrapados en sueños que en realidad son pesadillas.

Coraje de serpiente

La conciencia de serpiente es muy alabada por nuestra cultura. Nuestro práctico «y pim pam», la actitud de «amor duro»; nuestra insistencia en llamar «al pan, pan y al vino, vino» y de «hablar sin tapujos»; nuestra obstinación por tener una respuesta a la pregunta: «¿Estás con nosotros o contra nosotros?» como si ésas fuesen las únicas dos opciones... todo eso viene de la conciencia de serpiente. Aquí identificamos un problema, hacemos lo que tenemos que hacer, y logramos nuestro propósito... y punto, fin de la discusión, no es necesario que lo miremos con más detenimiento.

Se nos ha enseñado que el tipo de coraje físico que surge de la conciencia de serpiente, la determinación de hacer lo que es necesario para sobrevivir, es lo que hizo grandes a los Estados Unidos. Cuando estábamos en la escuela, se nos enseñó que nuestro país fue fundado por hombres y mujeres que audazmente partieron a conquistar la frontera del oeste: domaron las praderas y los pantanos, y talaron los bosques que les impedían el paso, deteniéndose sólo para disparar a algún amenazante lince rojo o a algún indio peligroso. Hipnotizados por esas historias, nos enorgullecíamos con la idea de que por nuestras venas corría la hirviente sangre de los audaces pioneros que pudieron colonizar cualquier tierra. Resultaba reconfortante pensar que habíamos heredado semejante legado de valentía.

Desgraciadamente, como hemos descubierto, es un falso legado. Es cierto que los pioneros tuvieron coraje físico, pues arriesgaron sus vidas para manifestar la visión que tenían para ellos mismos, y que les sirvió bien. Sin embargo, a menudo no fueron los nobles iconoclastas que se pintan en las pelis de John Wayne: los pioneros fueron mucho más dependientes entre sí, el gobierno federal (que arrasó la tierra de los nativos americanos que la ocupaban), mano de obra barata inmigrante y, bastante a menudo, esclavos que construyesen su colonización y la construcción de su imperio. La mayoría no tuvo suficiente coraje de alto nivel para dejar de pensar en su propia supervivencia y ensoñar un mundo en el que todos pudiesen sentirse prósperos y felices sin tener que hacerle pagar los platos rotos a alguien que debía renunciar a su tierra o trabajar duro en actividades físicas extenuantes.

También se nos ha dicho que busquemos inspiración en las siempre populares historias «de la pobreza a la riqueza», como las que escribía Horatio Alger en el siglo XIX. Un típico héroe de Alger es el pobre aunque decidido chico que aprovecha su coraje físico para pasarse horas en la esquina gritando: «¡Venta de diarios!» hasta que se queda ronco. Más adelante consigue un empleo mejor trabajando largas horas para conseguir la seguridad de una casa grande y una decencia de clase media. Semejante joven triunfa porque está dispuesto a dejar su pobreza atrás, creer en el sueño americano y renacer en una nueva vida.

Este arquetipo continúa como parte de nuestra cultura. Nos tragamos historias de millonarios que han creado éxito de la nada, han superado todo su equipaje emocional y se han reinventado a sí mismos. Realmente queremos creer que cualquiera, sea cual sea su origen, puede lograr la prosperidad, olvidar tener que luchar para sobrevivir y vivir felizmente para siempre simplemente escogiendo salir adelante sin la ayuda de nadie, como aquellos jóvenes héroes de las novelas de Horatio Alger.

Bueno… esa clase de ensueños casi siempre acaban convirtiéndose en pesadillas cuando las heridas de nuestro pasado sabotean nuestro éxito. Nuestro coraje físico podría manifestar riqueza o reputación, pero lo que creamos es tan delicado y efímero como un castillo de arena en la playa. Como muchos de los pioneros o los héroes de Alger, no accedemos a formas superiores de valor que nos permitirían ensoñar algo más satisfactorio para nosotros y nuestro mundo. En lugar de eso, nos conformamos con la falsa seguridad del dinero, el poder y la posición social.

Con el coraje moral, podemos defender a aquellos que están siendo maltratados o expulsados del sueño americano. El coraje emocional nos permite ser honestos con nosotros mismos y los demás, vivir con integridad en lugar de caer en una pesadilla de simplemente intentar sobrevivir y ponernos en una situación comprometida para lograrlo. El coraje intelectual nos permite cuestionarnos el statu quo, rechazar el pensamiento dogmático e insistir en la creatividad, incluso cuando los demás temen nuestra originalidad.

El coraje de colibrí nos permite dirigir nuestro intento para estar en sincronía con nuestro ensueño. Con el de águila, nos abrimos a las ideas verdaderamente innovadoras que fluyen a través de nosotros desde el Espíritu. Pero el coraje de serpiente también tiene su lugar en el acto de ensoñar, incluso hoy, cuando alimentar a nuestra familia no requiere salir a la ventisca para encontrar el granero y ordeñar una vaca. Una buena parte del hecho de llevar a la vida un sueño es hacer el trabajo físico, instintivo requerido para que ocurra. Pero al coraje de serpiente se le tiene que dar forma y debe ser guiado desde las maneras más elevadas de valentía.

Una de mis clientas, por ejemplo, tenía un sueño para una vida mejor para su familia, lejos de su actual hogar en Manhattan. Ansiaba un sentido de comunidad, más espacio físico y una relación más cercana con la naturaleza; se imaginaba en un lugar en el que podía crear todo eso sin tener que esforzarse tanto para ganarse la vida. Aquello era su ensueño en el nivel de colibrí.

Ella y su marido trabajaron en el nivel de jaguar para imaginarse cómo podrían llevar sus empleos a la nueva localidad. Permanecieron en ese nivel para escoger un nuevo hogar que satisficiese sus necesidades y para planear su mudanza; es decir, encontrar las cajas, conseguir cinta adhesiva y planear las fiestas de despedida, mientras se ocupaban honestamente de sus emociones contradictorias acerca del cambio.

Pero cuando llegó la hora del verdadero traslado, se dieron cuenta de que tenían muchas más pertenencias de las que podían empaquetar para tener tiempo de salir de la ciudad y encontrarse con la empresa de mudanzas en el otro sitio. Así que después de agotar las posibilidades de conseguir más ayuda, se metieron en la conciencia de serpiente y simplemente dejaron que el instinto tomase el mando. Hicieron que sus cuerpos empaquetasen, apilasen y cargasen las cajas colocándose en cadena hasta el camión. Durante horas sólo se detuvieron para prestar atención a la necesidad de sus músculos de descansar o para tomarse pequeños descansos cuando era necesario.

El coraje de serpiente significa seguir y acabar con la tarea. Al no estar en el nivel de jaguar, mi clienta y su marido no se aterrorizaron con su situación ni llevaron sus cuerpos al límite, tampoco perdieron tiempo quejándose de lo desastrosa que era la situación en la que estaban. Al permanecer en serpiente, fueron capaces de hacer todo lo que necesitaban hacer a tiempo para manifestar su ensueño.

~ ~ ~ ~

Al igual que cada uno de nuestros cuerpos de energía recubre los que tiene dentro, y cada uno de los niveles de conciencia incorpora los demás, las formas más elevadas de coraje engloban las que están por debajo. Así que no puedes tener el coraje del Espíritu (ni siquiera el del corazón o el alma) y ensoñar valientemente si careces de valor moral, intelectual, emocional y físico. Todos operan juntos. Cuando realmente tienes el coraje de ensoñar, también tienes el coraje de actuar.

En la siguiente parte del libro aprenderás cómo utilizar los cuatro niveles de conciencia y coraje para continuar ensoñando cada día y cada momento, sean cuales sean tus circunstancias.

SEGUNDA PARTE

Del ensueño a la acción valiente

CAPÍTULO SEIS

El coraje como acción

El coraje no siempre ruge. En ocasiones
es la tranquila voz al final del día
que dice: «Lo intentaré de nuevo mañana».
MARY ANNE RADMACHER

En un momento fundamental de la película *El mago de Oz*, el león cobarde, que se ha esforzado para descubrir su coraje, se enfrenta audazmente al intimidante mago y expone que el supuestamente «grande y poderoso Oz» es en realidad sólo un impotente y deshonesto hombrecillo. A pesar de su claro acto de valentía, y de darse cuenta de que a quien más teme es a alguien más nervioso que él, el león no cree verdaderamente que sea valiente hasta que el mago le regala una impresionante medalla al valor.

Como el león cobarde, nosotros también realizamos acciones valerosas, pero tendemos a pasarlas por alto o a desestimarlas cuando no van acompañadas por el ensordecedor griterío de aprobación y aprecio de los demás. Con poca validación por nuestras acciones, empezamos a creer que no somos tan valientes, después de todo. En ese momento, el universo comienza a reflejarnos una realidad de cobardía, así que nuestro valor es poco probable que se repita.

La mayoría de nosotros cree que las acciones valerosas son aquellas que la gente lleva a cabo cuando hay un accidente y alguien necesita ayuda, pero también existen oportunidades diarias de actuar con coraje. Hay veces en las que es importante decir una verdad incómoda que necesita saberse, por ejemplo, u ocasiones en las que debemos encontrar la fuerza para romper con la tradición y actuar creativamente, a pesar de nuestra incomodidad y el potencial de protestas, acusaciones y recriminaciones de los demás. Semejantes actos de valor nos permiten ensoñar una realidad diferente, pero tendemos a subestimar lo importantes que son y en seguida los pasamos por alto.

Si alguna vez has sido el chivato, el que le ha plantado cara a un matón o el que ha desafiado la norma por ser sincero contigo mismo en lugar de ceder a las expectativas de los demás, puede que te haya molestado y te haya herido la falta de aplausos y apoyo que recibiste. Sin medalla de honor ni elogios públicos, es posible que hayas acabado por convencerte de que tu acto no importaba tanto... pero sí lo hizo.

Las ideas limitadas de que el coraje es algo grandioso y espectacular que salvará el mundo e inspirará los desfiles triunfales te han impedido reconocer que en la vida cotidiana puedes realizar actos potenciadores que tienen un efecto muy real en el mundo. Puede que hace poco le hayas dicho a tu pareja: «Lo siento... Cuando te has enfadado conmigo, la he emprendido contigo porque sentía que debía defenderme». Tú pensaste: «Podría derrumbarlo con un comentario agudo, pero no voy a hacerlo», escogiendo en su lugar invitarle a entablar otro diálogo diferente del que generó el conflicto. O puede que dejases a un lado tu miedo a la desaprobación e insistieses en que el grupo al que perteneces repensase el magnífico plan para resolver un problema que tanto le aterroriza. Bueno, pues esos actos aparentemente menores basados en la pasión, la integridad y la creatividad son mucho más importantes de lo que te han hecho creer.

Obviamente, no te ayudará exagerar con la autosatisfacción y seguir reviviendo la gloria de un acto atrevido que llevaste a cabo durante tu época en el instituto. Pero es muy importante que cada uno de nosotros reconozca y valore *todos* los actos de coraje, por pequeños que sean, pues crean una satisfacción extraordinaria y nos motivan para continuar actuando sin temor. Sólo cuando reconocemos que nos hemos levantado hasta nuestra verdadera altura y hemos ejercido nuestra humanidad de una manera noble, podemos experimentar la auténtica satisfacción.

Resulta que muchos de nosotros afirmamos hallarnos en una búsqueda espiritual, pero a menudo lo que realmente estamos buscando es una leve sensación de calidez en la barriga que nos proporcione un sentido de confort y nos haga creer que somos buena gente. Lograr ese tipo de satisfacción sienta bien, pero semejante búsqueda no requiere gran coraje o servir a nadie más que a nosotros mismos. El coraje no es algo a lo que aspirar o algo que desear, otro objeto que añadir al currículum espiritual que usamos para impresionar a los demás (o a nosotros mismos). Más bien es algo a lo que dedicarse, incluso constantemente, sin tener en cuenta si nos aplauden o son conscientes de lo que hacemos.

Nunca es productivo que mires hacia fuera buscando la validación de tu coraje, ya que eso te alejará de conseguir la conciencia del águila y del colibrí. Te encierra en una historia de victimismo titulada «Nadie me aprecia». Así que olvida las alabanzas de la multitud, y valida tus acciones tú mismo. Tómate tu tiempo para saborear la sensación de alegría, orgullo y poder que creas en esos pequeños momentos. Luego libérate de esos pensamientos y sentimientos a fin de estar preparado para la próxima oportunidad de ejercitar el coraje.

Cuando un jugador de baloncesto hace una canasta, palmea sus manos, se siente fantástico y de inmediato mira dónde está el balón ahora, buscando su nueva oportunidad de encestar o de ayudar a un compañero de equipo. Si no se mueve rápido, la alegría de su logro desaparecerá al instante cuando vea que el otro equipo se apresura hacia su campo y encesta.

Mantén la mirada en el balón, sigue jugando el partido y permanece atento a lo que ocurra después en lugar de perderte en la ensoñación de tu valentía. Si lo haces, estarás ensoñando valientemente en lugar de quedarte atrapado en el deseo del ego por la seguridad de la reputación.

Reconoce a héroes olvidados

Incluso cuando reconocemos hechos valerosos y creativos, tendemos a enfocarnos en una persona y a darle a él o ella todo el crédito, olvidando que tales actos normalmente surgen cuando alguien ha sido ayudado y animado por otros. Nuestros valores individuales no nos dejan ver al grupo que hay detrás de nuestro icono de valentía: por ejemplo, recordamos a Ana Frank, pero ¿nos acordamos de los nombres de quienes la mantuvieron escondida en el anexo secreto, llevándole comida, noticias y esperanza, arriesgando sus propias vidas? ¿Cuántos de nosotros pensamos en qué fue lo que debió de hacer la madre de la Madre Teresa para criar a una hija con tan profundo sentido de la compasión o tenemos en cuenta lo que otras voluntarias en el refugio de moribundos de la santa monja han continuado haciendo cada día después que ella muriese?

Como nuestra cultura no reconoce a todo el grupo (y todos deseamos validación, aceptación y elogios), a menudo competiremos por un puesto con la esperanza de conseguir crédito por cualquier acto de coraje colectivo. Así que, si nuestra valentía ha sido pasada por alto, debemos liberarnos de cualquier necesidad de ser honrados por otros. Y no nos lleva a ninguna parte participar de la falta de reconocimiento por los héroes olvidados que hay en nuestra cultura, al no dar crédito a nadie más, insistiendo: «Bueno, nadie me dice nunca que soy valiente, así que ¿por qué debería montar un espectáculo por lo que hace otro?».

Cada día, por todas partes, la gente está ensoñando valientemente mientras se ocupa de sus cosas con tranquilidad. Pasamos por alto el coraje de nuestro compañero de trabajo que se presenta voluntario en el campamento juvenil local, aunque tenga que hacer malabarismos para poder atender a su anciana madre. Nos quejamos de los *polis* cuando uno de ellos nos para por una infracción menor, pero olvidamos que el mismo agente podría ser alguien que está manteniendo una buena relación con los jóvenes conflictivos del barrio esperando evitar que delincan.

Las notas necrológicas están repletas de historias de vecinos que nunca conocimos y que viajaron por todo el país cantando y tocando el piano para los soldados heridos de la Segunda Guerra Mundial, o que lideraron grupos de apoyo para padres que habían perdido a un hijo. Puede ser increíble descubrir, simplemente, quién estaba viviendo al final de la calle, afectando a las vidas de las personas sin que tuviésemos ni idea de su valor. Cuando aminoramos la marcha y miramos a nuestro alrededor, podríamos sorprendernos de las nobles actividades de las que no teníamos ni idea pero que siempre dábamos por descontado.

Cuando somos los beneficiarios de los actos valerosos de otros, puede que les estemos sinceramente agradecidos, pero es fácil olvidar reconocerlos. Decir: «Había que tener agallas para abrir la boca; te aplaudo», «Te felicito por salir de allí en lugar de enzarzarte en aquella disputa» o «Realmente admiro lo que hiciste por papá; sé lo difícil que te resultó levantarte por él y prestarle la ayuda que necesita» cultiva el coraje en los demás.

Así que cuando veas a tu pareja educando bien a tu hijo, expresa gratitud y elogio. Si es tu ex, libérate de la historia titulada «Aquel estúpido nunca apreció a nuestros hijos» o la cínica idea de «Bueno, ya era hora… aunque estoy seguro de que ese comportamiento no durará mucho». En lugar de eso, métete en el nuevo ensueño y participa en él. Existen oportunidades cada día para celebrar el coraje y la creatividad y luego manifestarlos. Apoya a otros con alabanzas y ofrecimientos de ayuda para sus esfuerzos, y verás que la gente empezará a animarte ti también. E intenta valorar y pronunciar verdaderos elogios que no estén motivados por una necesidad de manipular a otros o de generar algo a cambio. Dicho de otro modo, cuando veas a alguien actuar con coraje, detente en tu ocupada vida y permítete experimentar alegría con aquella demostración de valentía e integridad; luego asegúrate de reconocer lo que han hecho.

Si caemos en el mal hábito de desestimar las acciones valerosas, podemos quedar atrapados en nuestras historias en el nivel del jaguar y en nuestros miedos en el nivel de la serpiente. Ensoñando desde el reino del alma, nos encontraremos naturalmente aprovechando nuestras oportunidades para demostrar coraje y acción.

Sabe que los ensueños no son las metas

Los ensueños que creas en el nivel del alma son muy diferentes de las metas, que son tangibles, mesurables y situadas en el futuro. La conciencia de jaguar te ayudará a crear objetivos específicos, tales como: «Me gustaría volver a la escuela y acabar mi carrera de aquí a tres años» o «Quiero ser un poeta conocido». Un ensueño, por otra parte, sería algo como: «Continuaré aprendiendo toda mi vida; me liberaré de cualquier creencia rígida y dogmática; educaré bien a mis hijos» o «Escribiré poesía y viviré la vida de un poeta, buscando la belleza a mi alrededor».

Cuando ensueñas, tienes una oportunidad cada día de manifestar esa visión mediante tus acciones. Las metas entonces aparecerán solas y tú serás flexible en cuanto a cómo y cuándo las alcanzarás, más que insistir en que no te sentirás bien contigo mismo hasta que tus poemas hayan sido publicados o recibas tu diploma.

Cuando ensueñes valientemente encontrarás que tus metas son secundarias, que lo más importante para ti es cómo vives hoy. Celebrarás los hitos que alcances y harás planes, pero no te obsesionarás con alcanzar un punto final concreto. Tendrás en mente que ensoñar tiene que ver con el viaje, no con el destino. Al aprovechar el coraje de tu alma, empezarás de manera natural a llevar a cabo las acciones que necesitas para manifestar tu visión. El coraje moral, intelectual, emocional o físico estará ahí para ti; te meterás en tu ensueño tan fácilmente como en tus zapatos, y harás que ese ensueño salga por la puerta de tu mente para manifestarlo.

Digamos que estás cansado de sentirte fatigado y enfermizo, así que decides que quieres cambiar la manera en que tratas a tu cuerpo. Si te quedas en el nivel del jaguar, crearás metas específicas de pérdida de peso y ejercicio. Te armarás de voluntad y decidirás alcanzar un número concreto en la balanza, prometerás ir al gimnasio y trabajar durante 40 minutos tres veces por semana, o jurarás dejar el azúcar y la harina blanca. Agonizarás con el trozo de pastel de cumpleaños que te pondrán en la fiesta de tu hijo y te sentirás culpable si no te levantas del sofá y te pones a hacer ejercicio... y entonces intentarás aliviar esa sensación permitiéndote una gran ayuda de comida reconfortante. Siempre que notes que no estás progresando hacia tus metas, te culparás y tratarás de recuperar tu poder de voluntad para intentarlo de nuevo.

Ahora, si instalas tu ensueño en el nivel del colibrí, establecerás el intento de experimentar un cuerpo sano, y tu CEL empezará a vibrar en bienestar. Tus emociones, pensamientos y acciones comenzarán a alinearse con tu intento. Descubrirás que te entusiasma la clase de ejercicio, que estás en contacto con tu cuerpo y que te atraen los alimentos frescos en vez de las comidas rápidas. Si te paras para comer una hamburguesa y patatas fritas en un área de servicio de una autopista porque es tu única opción, volverás a encaminar tus pensamientos, emociones y acciones de acuerdo con tu intento y llevarás a cabo actos más saludables.

Cada día estarás manifestando tu ensueño, corrigiéndote con cuidado cuando empieces a pensar: «Pero no estoy perdiendo peso lo suficientemente rápido» u «Odio hacer ejercicio». Ésas son preocupaciones que se dan en el nivel del jaguar, donde escribes historias que se vuelven decepciones. Cuando ensueñes, probablemente continúes experimentando pensamientos críticos como ésos, pero los corregirás enseguida.

Finalmente, con la conciencia de águila podrás mantener la visión general de cultivar la salud y respetar tu cuerpo. Encontrarás la creatividad para superar todos aquellos obstáculos que percibes en el jaguar. Recordarás que estás en un viaje como el del colibrí, que serpentea y da vueltas, que ninguno de nosotros se halla en perfecto alineamiento con nuestro intento cada segundo de nuestras vidas.

Rechaza la perfección

Cuando estamos atrapados en nuestras historias mentales, miramos a héroes como ejemplos de perfección y nos decepcionamos si nos enteramos de que son humanos, como nosotros. Queremos que esas personas sean símbolos de impecabilidad, semidioses idealizados más que seres humanos. Cuando hacemos caso omiso de sus fallos, tenemos una excusa conveniente para dejarnos salir del atolladero por nuestros propios comportamientos, porque podemos decirnos que no nos es posible vivir según los principios de nuestros extraordinarios héroes. Diremos cosas como: «Ah, ¿qué soy, la Madre Teresa? ¿Cristo en la cruz?», y justificaremos nuestros actos menos compasivos declarando: «Eh, no soy un santo».

No queremos oír que Martin Luther King, júnior, tuvo aventuras extramatrimoniales, o que John Lennon escribió que todo lo que necesitamos es amor pero apenas tuvo relación con su hijo mayor. Después de todo, son recordatorios de que incluso los seres humanos con fallos son capaces de grandes hazañas, que entonces harán que la pequeña voz criticona en nuestro interior pregunte: «¿Entonces por qué no estás haciendo tú grandes hazañas?».

Más que proyectar todas nuestras cualidades positivas a los famosos, podemos escoger aceptar nuestra propia habilidad para ser intrépidos y originales. Los fallos de nuestros héroes eliminan sus actos valerosos, y si reconocemos nuestros propios errores, encontraremos que nuestras debilidades no nos abrumarán, nos paralizarán ni nos impedirán la acción valiente.

Todos nosotros podemos hacer grandes cosas incluso si tendemos a ser impacientes, arrogantes, irritables o ansiosos. Incluso es posible que el Dalái Lama no sea perfectamente compasivo a todas horas. Quizás no refunfuñe porque el especialista en reservas de vuelos accidentalmente le fastidie su itinerario, como haríamos la mayoría de nosotros, pero me gusta creer que tiene sus momentos de crítica y enfado. Y sabemos que el mismo Jesús volcó unas cuantas mesas e hizo alarde de una rabieta de primera un día cuando su irritación y frustración sacaron lo mejor de él.

Ya no necesitamos héroes mitológicos. No hay nada más paralizante que la noción de perfección; sentimos que nunca podemos alcanzarla, así que ¿por qué molestarse siquiera en probarlo? No, lo que necesitamos es ser honestos acerca de lo que significa ser humano: que estamos predestinados a perdernos la perfección pero a lograr pequeños e impresionantes actos de coraje y grandeza.

En lugar de pensar que la gente es perfecta, deberíamos inspirarnos con el hecho de que nuestros héroes, celebrados o no, salieron una y otra vez adelante siempre que se dieron cuenta de que su comportamiento no estaba en concordancia con su intento. Simplemente diciendo: «Es suficiente; ¡sigo adelante!» se realiza un acto de coraje que rompe el hechizo.

Si pretendes ser perfecto, te sentirás desanimado y caerás en la pesadilla. En lugar de ensoñar valientemente, te sentirás discriminado por falta de oportunidades, por tu lento metabolismo, tu bajo salario, tu tendencia hacia la depresión o algún otro obstáculo aparente para tu movimiento hacia delante. No habrá fin para los motivos por los que no puedes vivir de acuerdo con tus ideales, y olvidarás que tú estás a cargo del ensueño.

Libérate de sus razones por no alcanzar la vida que quieres y encuentra justicia en tu existencia en este momento, cualesquiera que sean las circunstancias y tus defectos. Libérate de tu necesidad de ser perfecto y estar por encima de toda crítica. No va a ocurrir.

Puedes mejorar tu estado de ánimo y tener una sensación de poder y control sobre tu existencia al acabar cada día pensando en tres cosas que te han sucedido y por las que has estado agradecido, e identificando qué rol interpretabas al manifestar esas tres situaciones. Cuando te encuentres sintiendo que tu vida no es lo que debería ser, permaneciendo en lo que no funciona o reprochándote por lo que no has logrado, intenta este simple acto de reconocer tu poder para soñar valientemente, además de cómo has afectado hoy a tu mundo y a las personas que tienes a tu alrededor.

Rechaza la grandiosidad

En una cultura que sobrevalora la individualidad, se nos enseña que deberíamos intentar sobresalir de la multitud, ser únicos y diferentes. Hacerlo significa que tenemos que competir con todos los que tenemos a nuestro alrededor para ser el número uno, lo cual no es fácil de conseguir. Atrapados en el estresante juego de la competencia, empezamos a desear la grandiosidad, el estruendoso aplauso y la validación de nuestra tremenda importancia en el mundo. Recuerda, la necesidad de grandiosidad tiene sus orígenes en nuestra ilusión de que podemos crear seguridad obteniendo aprobación de otros. Esta ilusión está en el corazón del ansia de fama que demasiados de nosotros sufrimos en Occidente: estamos convencidos de que nacimos con una misión especial que algún día nosotros y otros reconocerán.

La principal preocupación de mis clientes es: «¿Qué debería hacer con el resto de mi vida?». Se preguntan cuál es su vocación especial, su misión conductora para los años que les quedan. Yo vacilo, para contestar con la respuesta obvia, que es: «Nada». Delicadamente comento que hasta que se liberen de la necesidad de ser especiales, no podrán crear su vocación y aprender a trazar su camino por la vida con coraje y creatividad. Hasta entonces, continuarán buscando fuera de sí mismos una «llamada» que sólo viene de dentro.

El coraje nos ayuda a liberarnos de la necesidad de ser «lo mejor de lo mejor» y en su lugar nos permite enfocarnos en ser lo mejor que podemos ser. Cuando somos valientes, dejamos de preocuparnos por si nuestros vecinos están hablando acerca de lo maravillosos que somos, y nuestro afán por ser el justiciero o el mesías se disipa. Simplemente encontramos el coraje moral para vivir de acuerdo con nuestros principios, el coraje intelectual para explorar nuevas ideas y el coraje emocional para ser honestos con nosotros mismos y con otros. No sentimos la necesidad de estar rodeados por admiradores que nos adoren; con el coraje de águila somos sinceros con nosotros mismos, viviendo nuestro destino con entusiasmo. Nuestra necesidad y el sentido de carencia que guía nuestra grandiosidad empiezan a desaparecer.

Todos conocemos a personas que viven pequeñas vidas pero sienten que pueden influir en el destino de naciones, ahora mismo, durante su existencia. Tengo un amigo, por ejemplo, que está convencido de que tiene una fórmula para acabar con el hambre en África, si la gente le escuchase. Y cada taxista de Manhattan te contará lo que no va bien en la ciudad y cómo lo arreglaría *él*.

Semejantes individuos pueden ponerse tan serios y hablar con tanta superioridad moral que es exasperante. Atrapados en la grandiosa pesadilla de ser nobles salvadores, se ciegan al poder que tienen de cambiar el mundo de maneras humildes y tranquilas. Hacen caso omiso de los pequeños actos de valentía de los demás; y peor que eso, insisten en que cualquiera que se enfoque en semejantes actos se está engañando y perdiendo el tiempo. Se ponen de mal humor cuando el mundo no se ajusta a sus exigencias y entonces bajan la cabeza e intentan calcular exactamente cómo crear su zona de influencia, obsesionados con sus estrategias.

Por el contrario, las mujeres y los hombres que en realidad tienen el poder de influenciar naciones se enfocan habitualmente en ideas que acaban de maneras a menudo inesperadas. No están interesados en cambiar el mundo sin la ayuda de nadie, no tienen pretensiones y están dispuestos a reírse de sí mismos porque la apariencia del poder y el prestigio no les importa mucho.

Por ejemplo, cuando Thomas Jefferson era presidente de los Estados Unidos, el personal se retorcía las manos por su afición a recibir a los visitantes de la Casa Blanca con zapatillas y bata y con su cabello pelirrojo despeinado sin la formal peluca blanca. Afirmaba que simplemente estaba demasiado atareado para ocuparse de tan escrupulosos detalles. Del mismo modo, Benjamin Franklin fue un gran estadista, y una figura muy importante en la creación de nuestra nación, pero no tenía inconveniente en bromear acerca de su gusto por el vino y su apetito por las mujeres.

Ninguno de los dos se tomó demasiado en serio, pero ambos creyeron apasionadamente en su visión de un nuevo tipo de país y asumieron la responsabilidad de crear y cultivar la nueva democracia. Lo que Jefferson y Franklin no hicieron fue intentar microadministrar los detalles o acallar voces discrepantes. Se expusieron a ideas diferentes, escucharon a otros, y estuvieron dispuestos a admitir que no siempre lo sabían todo; y, de hecho, así fue. Ambos tenían defectos importantes: Jefferson se oponía personalmente a la esclavitud pero él mismo tenía esclavos, tuvo una larga relación sexual con una de sus esclavas y permitió que sus propios hijos mestizos estuviesen esclavizados durante varios años. Franklin tuvo una relación muy conflictiva con su hijo, que lo decepcionó y no vivió según sus principios. Pero a pesar de sus debilidades, ni Jefferson ni Franklin se escondieron detrás de sus prestigiosas reputaciones o pretendieron ser nada más que humanos.

La gente presuntuosa con un deseo de reforma se convierte en los mezquinos tiranos del mundo, tan encaprichados con su propia imagen que hacen caso omiso de otras opiniones, y arriesgan el destino de muchos para apoyar su ilusión de «El Gran Salvador». Cada uno de nosotros debe ser cauteloso en cuanto a nuestro potencial para convertirse en un dictador en nuestra propia vida y evitar insistir en que el mundo tiene que escucharnos y obedecernos por su propio bien. Es mucho más gratificante ser la persona que silenciosamente se pone a hacer horas extras para hacer una buena obra por un individuo que está pasándolo mal o sufriendo, y que también se enfrenta al presidente en la siguiente reunión de personal para decir: «Ya que atribuye los beneficios récord de la compañía a nuestro fantástico servicio de atención al cliente, ¿cuánto cobraremos de ascenso nosotros, los empleados?».

Una de las maneras más efectivas de prevenir la grandiosidad es estar atento a los símbolos de nuestros sueños, que nos dan pistas acerca de lo que nuestra mente consciente se resiste en reconocer.

Reconoce y descifra los símbolos de tus sueños

Los sueños que se desarrollan mientras duermes están repletos de símbolos creados por tu subconsciente, y para comprender su mensaje, debes descifrarlos. Los psicólogos nos dicen que el agua representa las emociones, los sótanos serían el subconsciente y las imágenes pueden ser juegos de palabras visuales; así que confundirse con la ruta del autobús número 15 podría simbolizar que estás desconcertado con tu comportamiento de quinceañero.

Si no eres consciente de algo en tu vida a lo que necesitas atender, probablemente experimentarás sueños con temas recurrentes. Puede que te encuentres una y otra vez en la misma *boutique* donde cada prenda de ropa de marca está en venta pero nada te queda bien; o quizás te des cuenta de que continuamente estás huyendo de algo, como un monstruo, un loco o un perro rabioso. Tu subconsciente creará esos símbolos en tu pesadilla para despertarte. No les hagas caso y se irán.

Mientras que en Occidente estamos interesados en lo que significa cierto símbolo, a mí me atraen más los estados de ánimo, los sentimientos y la conciencia de lo que evoca un símbolo o una imagen concreta. Normalmente cogemos un símbolo del alma y lo interpretamos en el nivel de la mente jaguar, donde el agua y los sótanos significan algo en particular. Eso puede ser extremadamente valioso porque podemos conseguir directrices claras desde nuestro subconsciente que pueden ser muy útiles en nuestras vidas. Pero también es importante mantener los sueños en el nivel del colibrí, sin analizar inmediatamente lo que significan, y simplemente buscando ese símbolo o tema del tiempo del sueño en nuestras vidas de vigilia. La significación del símbolo es entonces proporcionada por la naturaleza y la ocurrencia fortuita de sucesos que Carl Jung llamó sincronicidad, más que por la mente analítica.

Así que si, por ejemplo, he soñado con aprovisionar un barco para zarpar en un viaje con dos amigos, buscaría esos símbolos durante los días siguientes: un viaje o un nuevo comienzo, dos aliados, nutrirme (aprovisionarme), el inicio de un nuevo proyecto... Si cualquiera de esos símbolos se apareció a mi alrededor, los conectaría en mi mente con mi sueño. Esto traspasa la barrera entre los sueños despierto y dormido, y libera el torrente de energía inconsciente en mi psique y me hace disponibles esos recursos durante mi estado de vigilia.

Cuando estás despierto, tu vida se halla repleta de símbolos, y vendrán a tu vida una y otra vez, reflejando un mensaje de tu subconsciente. Esos signos diurnos pueden alertarte de oportunidades, así como de una tendencia a querer ser el noble salvador, creyendo que estás justificado por ser un matón, o sintiéndote mal contigo mismo. Al volver a menudo a la percepción de colibrí, no sólo te darás cuenta de los poderosos símbolos en los sueños diurnos y nocturnos, sino que empezarás a comprenderlos mucho más fácilmente, sin tener que darles muchas vueltas. Así que cuando te persigan en un sueño, en lugar de intentar sólo imaginar quién o qué te está persiguiendo en la vida real, escogerás no percibirte como una víctima de las circunstancias. Entonces, sea lo que sea que te esté persiguiendo, dejará de hacerlo, tanto en los sueños como en la vigilia.

Hace poco soñé que estaba en un edificio en el que una pared se había venido abajo y yo estaba atravesando los escombros con mi hija menor. Llegamos a una mesa y encontramos que había una caja registradora. El cajón estaba abierto, y yo sabía que el dinero de allí dentro nos pertenecía. Empezamos a coger los billetes y le dije a mi hija que también agarrase los rollos de monedas, porque tenía que reconstruir esa casa en otro lugar.

En la superficie, desde una perspectiva jaguar, el tema de ese sueño podría parecer: «Coge el dinero y corre antes de que todo se derrumbe». Sin embargo, mientras lo examinaba más cuidadosamente, me di cuenta de que podía escoger entre múltiples interpretaciones. Una obvia era considerar interpretarlo literalmente, desde el nivel de la serpiente, y vaciar una caja y construirme una cabaña en algún bosque. Pero escogí otra interpretación, desde el nivel de colibrí (una a la que decidí hacer caso), que era construir una casa nueva para el cuerpo de conocimiento que se le encomienda a cada Guardián de la Tierra, ya que las paredes de la vivienda autóctona que protegía esa sabiduría se estaban viniendo abajo.

Existen muchas sociedades chamánicas que no han sido contaminadas por el consumismo occidental. Incluso en las más remotas regiones del Amazonas, los habitantes reconocen un logotipo de Coca-Cola. Así que ese sueño me estaba diciendo que tendría todo el apoyo, tanto económico como familiar, que necesitaba para ayudarme a construir un nuevo hogar espiritual para la sabiduría de los Guardianes de la Tierra. Si bien mi hija simbolizaba que yo estaría haciendo esto para las generaciones futuras, también se me estaba advirtiendo que necesitaba tener cuidado de no quedarme atrapado en la grandiosa visión en la que yo sería el gran salvador de una tradición chamánica indígena. De lo contrario, el propio edificio podría caerme encima.

Vayamos ahora a descifrar los mensajes de tus propios sueños.

Los símbolos de tus sueños de vigilia

Encontrar los símbolos en nuestra vida de vigilia, que son de lo más poderoso para nosotros en cualquier momento, es tan fácil como recordar nuestros sueños de madrugada. Muchos símbolos son compartidos colectivamente por toda la humanidad, pero otros provienen de nuestra cultura y nuestras experiencias personales. Todos conocemos el significado de ciertos actos simbólicos, como cuando alguien quema una bandera americana en una manifestación o se pone una careta de Richard Nixon, pero en nuestras propias vidas a menudo mostramos fuertes sentimientos hacia símbolos que representan historias que hemos creado.

Cuando descubres un símbolo en tu sueño de vigilia, puedes utilizar el coraje emocional para dejar a un lado la incomodidad y explorar qué significa. El coraje intelectual te permitirá pensar de una nueva manera y descartar cualquier creencia desalentadora, mientras que el coraje del alma te permitirá crear el ensueño que realmente deseas. Hazte consciente de esos símbolos y coge el hábito de descifrarlos, dándote cuenta del contexto y las situaciones en los que reaparecen, y puede que despiertes a verdades que habías pasado por alto.

¿Qué representa para ti cierta persona famosa a la que criticas, tus propios sueños no correspondidos, quizás, o tu resentimiento porque tiene dinero ilimitado, tiempo y libertad para malgastar? ¿Qué significa para ti el número 90 en la balanza del baño? ¿A qué apunta la abolladura de tu coche? Al examinar tus respuestas fuertes a símbolos de tu vida de vigilia, puedes reconocer si te has quedado atrapado en una pesadilla y te has olvidado de cómo ensoñar valientemente.

Ahora puedes escribir una historia más potenciadora que la de «una persona gorda e indeseable», «un fracaso económico» o «una persona infravalorada que no tiene "bastante" para llevar una vida feliz», y entonces dejar de rechinar los dientes siempre que alguien pregunte: «Entonces, ¿aún estás soltero?». Con el coraje para ensoñar, puedes decir no a las viejas ideas acerca de lo que debería hacerte feliz o miserable y crear algo más satisfactorio.

Símbolos de grandiosidad

La Madre Teresa decía que no había grandes actos, sólo pequeñas acciones llevadas a cabo con gran amor. Pero con demasiada frecuencia, más que seguir sus palabras y acciones, aspiramos a *ser* la siguiente Madre Teresa... si bien es cierto que sin todos los sacrificios. En lugar de desear influir en el mundo de cualquier manera que podamos y abrir nuestros ojos a todas las oportunidades para ello, proclamaremos: «¡Quiero conseguir mil millones para poder rescatar al mundo!». Después de todo, todo este dinero simboliza un gran poder.

Nos convencemos de que, para vivir una existencia con sentido, no es suficiente con educar bien a un hijo o conmover las vidas de quienes están pasando sus últimos días en una residencia para enfermos desahuciados en la que trabajamos como voluntarios; queremos un artículo en el *USA Today* elogiándonos por curar personalmente todo el dolor del mundo mediante nuestro trabajo duro, dedicación y genio. Y si el libro de otro acaba en la lista de *best sellers* del *New York Times*, o incluso si tiene una hija que es elegida la reina del baile del colegio, sentimos envidia porque ha logrado los símbolos de poder e importancia que ansiamos.

Siempre que te encuentres creando metas grandiosas y te obsesiones con símbolos de éxito, es una señal de que estás atrapado en jaguar, buscando conseguir la falsa seguridad de la fama, el poder y la aprobación social. La gente que realmente ensueña un mundo mejor experimenta una gran dicha en los pequeños actos. Son quienes están felices sirviendo al mundo a su modo pequeño y silencioso, y no se abruman por la cantidad de trabajo necesario para acabar con la pobreza, la violencia y la destrucción del planeta. Son los sacerdotes de aldeas en Sudamérica que trabajan para ayudar a sus feligreses indígenas a pesar de la presión desde Roma para que se ajusten a las prioridades de la Iglesia católica, o la abuela local, que trabaja incansablemente a fin de animar a sus vecinos para que reemplacen los herbicidas de sus céspedes por productos naturales.

Cuando estás ensoñando en el nivel del alma, descubres tus oportunidades y encuentras el coraje para actuar en lugar de rendirte desesperado. Ni tampoco te vuelves cínico, encogiéndote de hombros y diciendo: «Yo no puedo participar; estoy demasiado ocupado», «Ah, no es para tanto» o «Alguien se ocupará del problema, estoy seguro». Y no sólo eso; cuando ensueñas valientemente, los recursos que necesitas para influir en el mundo aparecen, ya sea que necesites mil millones, ideas creativas, compañeros de ensueño o las agallas para enfrentarte al statu quo.

Si tu enfoque está en conseguir esos mil millones de dólares para que finalmente puedas empezar a vivir una vida feliz y satisfactoria, entonces lo que deseas es una fantasía que no puede manifestarse en el presente. Te impides poder conseguirlo porque la meta es condicional. Un ensueño siempre es incondicional. Ensueña y acepta las condiciones que sean. Influyes en el mundo cada día, sea cual sea tu situación o los recursos que tengas a mano.

A diferencia de las metas, que tienen un final, los ensueños son un modo de vida. Las visiones del alma tienen pasión como combustible, que es el motivo por el cual encuentran maneras de manifestarse en el mundo sin el uso de la fuerza o el poder de la voluntad. Algunos de mis clientes son muy sanos, y he encontrado que los que son extremadamente exitosos en los negocios no están ahí por el dinero, sino por la oportunidad de expresar su pasión y creatividad, y es esa pasión lo que da dinero como resultado. Están viviendo vidas de abundancia: ideas abundantes, abundantes sentimientos de gratitud y alegría, y abundantes sentimientos de curiosidad y asombro.

En el siguiente ejercicio empezarás a despertar a los símbolos de grandiosidad a los que has estado aferrado y encontrarás el coraje para descartarlos.

Ejercicio: renunciando a tus símbolos de grandiosidad

Pregúntate: «¿Qué siento que necesito para mostrar lo importante que soy?». ¿Es un coche caro? ¿Un trabajo que hace que la gente te mire con respeto? ¿Un reloj Rolex? ¿Una mujer de bandera, un marido rico o un hijo que va a una universidad privada? ¿La última información sobre un tema polémico? ¿El chismorreo más salaz? ¿Una actitud caústica que intimide a los demás? ¿Un terrible trauma infantil que te dejó sin autoestima? Recuerda que tu símbolo de grandiosidad podría ser un objeto, una etiqueta o un comportamiento que tú crees que comunica el mensaje de que eres alguien especial que está mereciendo respeto, compasión o temor reverencial.

Intenta convertirte en un monje y renuncia a tu símbolo de grandiosidad por un tiempo sólo para ver qué se siente. Si mides tu importancia por lo atractivo y elegante que eres, vístete informalmente y asiste a una reunión en la que te esfuerces para hacer preguntas, pero no proporciones información a menos que te la pidan. Detén tu necesidad de ser sarcástico o de verte por encima de los demás con referencias al cargo de tu trabajo, a quién conoces o al moderno barrio en el que vives. Si sientes que eres muy importante porque te implicas en buena parte del servicio a la comunidad, préstate voluntario para hacer el trabajo menos glamuroso durante un tiempo y deja que los demás ocupen los puestos más prestigiosos. Si realmente te sientes insignificante y sin importancia, intenta explicar al grupo una gran hazaña que intentaste.

Presta atención a tu incomodidad, sin juzgarla, sino simplemente siendo consciente de ella. Pregúntate: «¿De dónde viene eso?». Deja que surja la respuesta, y permítete divertirte con tu apego a la grandiosidad. Ahora prepara tu intento para liberar tus temores a la desaprobación.

Cultiva la conciencia plena

Para ver nuestras oportunidades cotidianas para el coraje, necesitamos cultivar la *conciencia plena*, que simplemente significa prestar atención a lo que está pasando ahora mismo. Conciencia plena quiere decir que no nos perdemos en pensamientos acerca de lo que podría ocurrir mañana o lo que *ocurrió* ayer; en lugar de eso, prestamos toda nuestra atención a sea lo que sea que estemos haciendo *ahora*.

Puede ser difícil practicar la conciencia plena en nuestra cultura, la cual nos anima a permanecer sobreestimulados y a ir corriendo, más que a disminuir la velocidad y quedarnos tranquilos, conscientes y contemplativos. Sin embargo, la gente que está consciente y completamente presente en el momento experimenta la gracia. Honestos con sus verdaderas necesidades y rechazando el miedo, no tienen necesidad de comprar muchas cosas para aliviar ningún sentimiento de inseguridad o para activar la economía. A la gente plenamente consciente no se la manipula con facilidad o se la asusta para que siga los planes de líderes egoístas, por lo que los matones hambrientos de poder y gradiosidad lo tienen difícil para intimidarla. Encuentro divertido que la palabra *conspiración* provenga del latín *conspirare*, que significa «respirar juntos». Los tiranos siempre han temido a las personas que practican la conciencia plena. Semejantes individuos infringen las reglas y molestan al statu quo; al ser plenamente conscientes, acceden a su sabiduría de colibrí y ensueñan valientemente.

La conciencia plena es un hábito más fácil de desarrollar cuando te propones hacer algo diariamente que entrene tu mente jaguar para dejar de deambular en todas direcciones y olfatear bajo cada árbol. La meditación regular es una fantástica manera de desarrollar la conciencia plena. Intenta sentarte en un cojín y disminuir el ritmo de tu respiración para que puedas empezar a distanciarte del constante torrente de pensamientos. Mientras atiendes a tu respiración, observa esos pensamientos flotar delante de ti como nubes cambiantes, y experimentarás que no son tan importantes, después de todo.

La conciencia plena requiere estar completamente presente en tu cuerpo, en el cojín, en la habitación, justo en el momento presente. Esa conciencia pasa después a la vida diaria, y te resultará más fácil reconocer cuándo has empezado a caminar dormido. Encontrarás que cuando estás atrapado en una historia, una parte de ti dirá: «Eh, mírame a mí haciendo la víctima aquí», y te acordarás de tu intento de vivir valientemente. En ese momento descubrirás que puedes liberarte fácilmente de la vieja historia en lugar de embellecerla. Esa conciencia te saca de inmediato de tu conciencia jaguar para llevarte al reino ensoñador del colibrí.

Si no te sientes cómodo dedicándote a la práctica de la meditación tradicional, existen otras maneras de cultivar la conciencia plena. Puedes simplemente sentarte con tranquilidad en tu escritorio durante unos minutos, por ejemplo, y respirar mientras observas tu mente. Puedes dedicarte a hacer ejercicio físico que haga disminuir tu rápido torrente de pensamientos y te haga respirar más profundamente, de manera que puedas tener más claridad mental. O puedes escribir un diario para entrenar tu mente para permanecer en el momento presente.

Si te encuentras resistiendo cualquier forma de práctica que te calma y hace que estés más consciente, podría ser porque tu mente está luchando para reprimir una idea o un recuerdo subconsciente que sabe que te causará dolor una vez lo experimentes. Una experta en organización que conozco dice que se encuentra con clientes que se mantienen continuamente ocupados y que, por lo general, a menudo crean ese apresurado y frenético modo de pensar para evitar algún pensamiento increíblemente doloroso, como un recuerdo de abusos que han reprimido.

Permítete dejar de correr; hazte consciente de lo que has estado evitando para que puedas tratarlo.

Instala el intento en tu alma

Cuando más plenamente consciente te vuelves, y más empiezas a comprender los símbolos de tu vida, más reconocerás cuándo tus acciones no están en sincronía con tu intento. Cuando tu comportamiento contradice tu ensueño, podría ser porque es meramente una idea o un deseo creado en tu mente, no un verdadero intento que hayas experimentado en el nivel del alma. O puedes distraerte y quedarte atrapado en los niveles de conciencia inferiores, olvidando todo lo que reconoces siempre que estás en la conciencia de colibrí o de águila.

Los rituales pueden ayudarte a instalar tu intento en el nivel del alma, si los llevas a cabo con el verdadero deseo de cambiar tu nivel de conciencia. Si te permites quedarte atrapado en la conciencia de jaguar, te preocupará dónde ponerte, qué decir y qué hacer, y esperarás la ceremonia para cambiar tus sentimientos y tu percepción sin tener que abrirte a su poder. Ése es el caso tanto si estás en una misa católica como en un *bar mitzva*, una ceremonia chamánica o simplemente encendiendo una vela antes de compartir una cena con tu amante. Realizados correctamente, los rituales crean un espacio abierto que te permite acceder a un estado de conciencia elevado. Cuando el énfasis está en los detalles de cómo debería realizarse el ritual y el resultado deseado, se convierte en una ceremonia vacía.

Así que si te apresuras para tener a todo el mundo en la mesa del día festivo a una hora concreta y para engullir la comida antes de que empiece el partido de fútbol, no debería sorprenderte que, una vez más. la reunión familiar anual deje a todo el mundo indiferente y desconectado. Cuando vas a tu clase de yoga con una actitud competitiva, orgulloso de que puedes mantener una postura mucho más tiempo que los demás, no cambiarás hacia una conciencia mayor del cuerpo y a un movimiento fluido de la energía física; probablemente sólo estires un músculo y salgas de la clase sintiéndote derrotado.

Pero si te entregas al momento, permaneciendo abierto a la creatividad del universo fluyendo a través de ti y la gente a tu alrededor, las acciones del ritual te ayudarán a cambiar tu conciencia y a instalar el intento en el nivel del alma. Tanto si estás realizando un ritual personal como participando con otros, comprométete a estar abierto y a ser espontáneo.

Me acuerdo de una pareja que conozco que pidió a un amigo suyo, que es cantante aficionado, que participase en su boda para guiar a todo el mundo en una canción popular acerca de apoyar a los que amas. El cantante estaba nervioso y empezó desafinando, pero en seguida unos cuantos se unieron a él y consiguió entonar bien, cantando con confianza y con gran sentimiento. Al final de la canción, todos los presentes se habían conmovido tanto por la aparición de las demás voces para ayudarse entre ellos (y a los recién casados) que se pusieron a aplaudir. En ocasiones la mejor parte del ritual es cuando alguien comete un «error», porque despierta a todo el mundo al significado y deshace cualquier autocomplacencia que les hace simplemente dejarse llevar por los movimientos de una ceremonia.

Para instalar el intento en tu alma, debes despertar a la creatividad que está disponible en el nivel de la conciencia de colibrí, donde el ritual, la poesía y la metáfora surgen como si expresasen mágicamente lo que hay en tu corazón. El siguiente ejercicio puede ayudarte a reclamar tu creatividad y permitirte aprovechar esa conciencia.

Ejercicio: haikú de la vida

Un haikú es una forma de poesía que generalmente consta de tres versos, en la que el primero y el último contienen cinco sílabas, mientras que el del medio está hecho de siete. El tema es normalmente el mundo natural, algo que tiende a despertar en la gente su sentido de unidad con lo divino. A continuación hay unos ejemplos de ese tipo de poema.

El primero es un haikú que compuse yo mismo:

Flores de melocotón en primavera,
recientes huellas de ciervo adornan mi mañana,
nueva vida surgiendo.

El siguiente es del poeta japonés Bufu:

Oh, no me importa
hacia dónde se mueven
las nubes de otoño.

Finalmente, este otro escrito por el poeta Chine:

Se enciende
tan ligeramente como se apaga
una luciérnaga.

Intenta escribir algunos haikús sobre la naturaleza. No lo hagas en casa, en tu piso con aire acondicionado mientras miras la foto de orquídeas de tu escritorio; sal de verdad a la naturaleza. Una vez te sientes en tu patio trasero o en un banco del parque, vacía tu mente de pensamientos acerca de tus quehaceres o del espantoso estado del mundo, tu trabajo o tu salud en ese momento. Observa los árboles, la hierba, los pájaros y los insectos; y luego escribe unos cuantos poemas. Libérate de cualquier pensamiento como: «No puedo hacerlo» o «No tengo talento para escribir». Sólo hazlo.

Cuando hayas acabado de escribir tus haikús, léelos varias veces, permitiéndote sentir la poesía que has expresado, y libera cualquier pensamiento crítico.

Luego compón tres haikús acerca de un aspecto de tu vida por el que no sientes absolutamente nada de creatividad o por el que te parece muy difícil expresar cualquier tipo de coraje. Escribe tres poemas sobre tu tensa relación con tu padre o tu hija adolescente, o dedícalos al mal ventilado cubículo de tu trabajo. Ponte poético con tus pobres hábitos alimenticios o con ese paquete de cigarrillos que has escondido bajo el asiento de tu coche.

De lo que se trata es de descubrir la belleza, el humor y la poesía en tu fealdad y autoaversión. Éste es el primer paso para acceder a tu coraje: aceptar lo que es, sin juzgar. Una vez hayas dado ese paso, puedes dar el siguiente, reescribiendo una nueva historia titulada «Mi viaje lejos del oscuro inframundo del miedo y la conformidad».

~ ~ ~ ~

Permítete la creatividad siempre que puedas. No tienes por qué producir necesariamente una obra de arte como un poema, una canción o una pintura; pero si te esfuerzas por vivir con originalidad y franqueza en la posibilidad, estarás inspirado para ensoñar.

Cada uno de nosotros puede ser un verdadero iconoclasta que mira lo que ve todo el mundo y lo percibe un poco diferente. Los niños lo hacen de manera natural: lo que ven en una obra de arte abstracto, o incluso en un suceso cotidiano, es a menudo sorprendente porque su interpretación es fresca y original.

Los Guardianes de la Tierra reconocen que para vivir valientemente, ensoñar un mundo mejor en cada momento y abrirnos a la verdadera originalidad, debemos involucrarnos en tres disciplinas fundamentales. Estas prácticas nos ayudan a rechazar la autocrítica, conectar con nuestro intento y actuar con coraje fácil y naturalmente. Las tres disciplinas fundamentales, a las que he dedicado los próximos tres capítulos de este libro, son: (1) practicar la verdad, (2) limpiar tu río y (3) estar dispuesto a morir en cualquier momento.

Capítulo Siete

Practicar la verdad

Sólo puedes encontrar la verdad si la buscas
por ti mismo, porque las verdades de la historia son
verdades de otros. Pero la verdad es como un espejismo
en el desierto. Para nosotros, la tarea no es perseguir la verdad,
sino crearla. La verdad es una postura, un acto
de poder que das a todas tus acciones.
La verdad es lo que la persona de conocimiento
da a cada momento
de *Los cuatro vientos*
Alberto Villoldo (escrito con Erik Jendresen)

La disciplina en la que nos vamos a centrar en las páginas siguientes es una de las grandes enseñanzas de los Guardianes de la Tierra. Plantea que, cuando practicamos la verdad, todo lo que hablamos se hace realidad: digamos lo que digamos acaba sucediendo porque nuestro mundo es dorado. Cuando no la practicamos, todo lo que decimos y hacemos se convierte en una mentira.

La práctica de la verdad requiere vigilancia, honestidad y aceptación de nosotros mismos y de otros. Empieza con la conciencia plena, así como no fingiendo que los pequeños actos de cobardía carecen de importancia. Cuando no somos plenamente conscientes, estamos caminando dormidos; cuando lo somos, nos damos cuenta de que hay algo mal en nosotros, lo cual nos abre a preguntas que provocan la verdad como respuesta, tales como: «¿Por qué estoy tan incómodo?», «¿Qué pensamiento me está haciendo infeliz?» o «¿Qué sentimiento perturbador estoy experimentando?». También existen unas cuantas prácticas fundamentales en la disciplina de la verdad, incluyendo la ausencia de juicio y la transparencia, que ayudan a entender el poco control que tenemos en realidad sobre nuestras vidas... que el Espíritu siempre está a cargo.

Siempre que te estás escondiendo de una verdad incómoda, la vida te llama la atención hacia ella proporcionándote situaciones que te desafían para que detengas la farsa. Si eliges hacer caso de esas señales, tu cuerpo puede que te dé una llamada de aviso. Una historia creada cuando evitaste una comprensión dolorosa quedará sepultada en tu subconsciente y grabada en tu CEL. Con el tiempo, manifestará sus energías como una dolencia psíquica.

Podemos evitar ese destino si escogemos conscientemente reescribir las historias que hemos creado. Cada enfermedad que sufrimos es un recordatorio potencial para que corrijamos nuestras historias y nos elevemos a un nivel de conciencia mayor. Entonces descubrimos que hay una solución espiritual para cada problema que se nos plantea, ya que en el nivel del águila y del Espíritu, todas las dolencias se convierten en oportunidades para aprender.

Si estás asustado o furioso, encontrarás que puedes experimentar esas emociones de una forma muy física. Tu ritmo cardíaco y tensión muscular se incrementarán, tu respiración se hará más superficial, es posible que tus manos se vuelvan sudorosas, e incluso puede que te pongas a temblar de ira o miedo. Semejantes experiencias psicológicas son parte de la primitiva e instintiva reacción de «lucha o huida», que se supone que te proporciona la energía para enfrentarte a un peligroso enemigo o escapar de una situación antes de que resultes malparado.

Sin embargo, en el mundo moderno, la mente jaguar nos ha convencido de que cualquier amenaza que percibimos es altamente peligrosa. En la antigüedad, la gente experimentaba la necesidad de defenderse o salir corriendo cuando un oso cavernario se abalanzaba sobre ellos; nosotros la experimentamos cuando alguien afirma que somos irresponsables e incompetentes, o cuando la persona con la que estamos saliendo dice: «Creo que debería conocer a otra gente». Practicar la verdad raramente requiere que nos enfrentemos a un oso cavernario, pero puede sentirse realmente así.

Si alguien se te queda mirando demasiado y estás seguro de que te está rechazando, puede ser difícil abstenerse de representar antiguas historias; después de todo, te sientes como si estuvieses siendo amenazado y realmente quieres arremeter contra ese individuo. Pero puedes aprender a prestar atención a la respuesta de tu cuerpo a la amenaza percibida, y escoger cambiar tus pensamientos, sentimientos y comportamientos.

Cuando tu reacción de lucha o huida se queda atascada en posición *on*, vives con miedo y percibes todo con los ojos de jaguar. Tu terror te impide practicar la verdad, lo cual requiere una disciplina de audacia y el desarrollo de la conciencia de águila. Sin embargo, la práctica regular de ciertos hábitos, como respirar lentamente, salir de una habitación durante una discusión acalorada para reagruparse o crear conscientemente pensamientos reflexivos como: «Me pregunto por qué me estoy sintiendo amenazado ahora mismo», puede ayudar a disminuir la necesidad de atacar o correr, sacándote así de la reactiva conciencia jaguar.

En el Amazonas llaman a esta práctica «bajar al jaguar del árbol», porque cuando nuestra mente jaguar ha sido asustada, se comporta como un gato encaramado en altas ramas, bufando a cualquiera que se acerque. Si bien los chamanes tienen prácticas energéticas para restablecer la reacción de lucha o huida a la posición neutral, nosotros podemos conseguir lo mismo mediante la práctica de la conciencia plena.

Abraza la ausencia de juicio y la transparencia

Una vez estemos atentos a cómo actuamos en una situación determinada, podemos liberarnos de las historias que nos encierran en ideas como: «Debo de ser antipático si puedo comportarme tan mal» o «No es tan buena persona si pudo actuar de aquella manera hacia mí». Reconocemos que existen ciertas situaciones feas que causan dolor a las personas, pero también podemos concluir que son horribles sin apresurarnos a juzgar a las víctimas, los salvadores y los matones.

Practicar la ausencia de juicio nos permite tener una perspectiva más amplia, incluyendo el miedo del matón, que está dirigiendo su comportamiento agresivo y ofensivo; la falta de coraje de la víctima, junto con su complicidad al mantener la situación, y la atención del salvador hacia sí mismo y su necesidad de ser el héroe justo. Practicar la verdad significa frenar, dar un paso atrás y contemplar la situación desde todos los ángulos para conseguir una mejor comprensión de todo lo que está ocurriendo sin tener la visión nublada por suposiciones personales.

En el judaísmo (y en el cristianismo primitivo) existe un pecado conocido como *loshon hora*, que se refiere a ponerse a cotillear. Según el *loshon hora,* hablar negativamente de alguien sin un propósito constructivo es equivalente a maldecirlo, y escuchar chismes es tan malo como propagarlos tú mismo, porque estás participando activamente en ellos. Pero según la ley judaica, debes decir la verdad acerca de alguien, incluso si es fea o dolorosa, para evitar que resulte dañada una persona inocente. En ese caso, es importante decir sólo los hechos, sin juzgar, pues eso únicamente puede hacerlo Dios. Si no vas a evitar dañar a otra persona, es mejor permanecer callado y no hablar mal de nadie, por muy grande que sea la tentación.

Una vez tengas una visión más amplia y recuerdes que todo el mundo tiene su propio viaje de maduración espiritual, será más fácil liberarte de la necesidad de juzgar a todos y a todo. Luego puedes practicar la verdad y ser quien realmente eres: alguien fiel a tus valores y que actúa con integridad y coraje.

De modo similar, la práctica de la transparencia significa permitirte ser visto por los demás tal como eres, sin nada que esconder. Con ese fin, no hace mucho estaba viendo un programa de noticias en el que una experta en política se enfrentaba a una persona que llamaba que le estaba pidiendo que bajase el tono de sus mordaces comentarios acerca de un adversario político. Mientras la experta interrumpía la llamada con comentarios sarcásticos, se escondía detrás de unas grandes gafas de sol, se tocaba el pelo constantemente e intentaba de manera agresiva cambiar de tema. Pese a todos sus intentos por parecer despreocupada, su lenguaje corporal y sus esfuerzos por desviar las críticas no daban lugar a dudas de que se estaba sintiendo insegura y expuesta.

Es curioso, pero cuanto más tratamos de esconder nuestros defectos y nuestra inseguridad, más visibles son para los demás. Nos gusta creer que podemos hacer algo lo suficientemente bueno como para engañar a todos, incluso a nosotros mismos, pero fracasamos miserablemente y sufrimos aún más cuando continuamos engañándonos.

Con coraje, puedes practicar la transparencia. Puedes cesar en tus intentos de parecer poderoso, influyente, humilde o sabio; puedes ser simplemente quien eres, sin barnices que escondan al verdadero tú del resto del mundo. Abre las cortinas, deja que entre el brillo de la realidad, y no te avergüences por tus defectos y debilidades ni por tu fuerza y tu poder. No tienes que temer dejar que la gente vea tu humanidad porque, como cualquier otra persona, no puedes evitar actuar de manera estúpida, ansiosa, egoísta, insensible o asustada, a veces. Pero hacerte transparente también quiere decir permitir que tu belleza y tu coraje brillen y sean vistos por los demás. Si practicas esto, ya no necesitarás escabullirte, intentando proteger tu reputación, o crear estatus y seguridad en el mundo material. Te aceptarás ahora mismo, en este momento, y dejarás que tu belleza brille, permitiendo que tu elegancia y tu gracia inspiren a otros para que encuentren *su* belleza.

El momento en el que dejas de esconderte es el momento en el que te adentras en la corriente de creatividad (donde puedes escoger pensar, actuar y sentirte diferente) y puedes renacer y ser redimido en ese mismo instante. No es necesario que sigas fustigándote, esperando la redención de algún dios en las alturas, porque en el instante en que ya no escondes nada de ti mismo, limpias tus pensamientos, tus sentimientos y tus comportamientos tóxicos. Eso no quiere decir que no tengas que reparar alguna falta; sólo significa que empieces a procesar la redención y el renacimiento en el momento que te permitas ser visto, se cual sea tu historia. Tus acciones ya están en el pasado, así que puedes continuar y cambiar el modo en que están operando ahora mismo. Encontrarás el coraje y el ímpetu para limpiar cualquier daño que hayas causado.

Practicar la transparencia requiere que aproveches tus más altos niveles de coraje y ensueñes desde el nivel del alma. Pero si vas a practicar la verdad, debes reconocer (y aceptar) que todo lo que has creado a tu alrededor es un espejismo.

Rechaza la ilusión de seguridad y control

Todo lo que experimentamos a nuestro alrededor y hemos creado para nosotros, nuestro poder y estatus, nuestra creencia de que estamos viviendo audaz y creativamente y nuestra sensación de seguridad son mentiras. Lo hemos creado todo de manera que podamos sentirnos con el control de la pesadilla. Nuestra existencia entera, de hecho, es una historia basada en nuestra necesidad para producir y alimentar el mito de que estamos a salvo y tenemos el control de nuestras vidas en todo momento.

Queremos creer que tenemos seguridad en este mundo y que somos los dueños de nuestro destino, pero simplemente no es el caso. Cada uno de nosotros es parte del fluido río de la vida, arrastrados hacia donde el Espíritu escoge llevarnos. Trabajamos con el Espíritu para mover las aguas hacia una u otra dirección, y estamos a cargo de cómo nos percibimos a nosotros y nuestro mundo, pero la voluntad del Espíritu lleva las riendas cuando se trata de los hechos de nuestras vidas. Apoyamos nuestra ilusión de control para disipar los miedos que experimentamos en serpiente y en jaguar, pero nunca nos engañamos por mucho tiempo. El universo proporciona una multitud de recordatorios de que nadie de nosotros está realmente a cargo, hagamos lo que hagamos. Por ejemplo, yo escojo comer alimentos saludables, hacer ejercicio cada día y meditar; pero reconozco que incluso si tomo todo tipo de precauciones, sigo sin tener el poder de asegurar que nunca experimentaré problemas de salud. Incluso aquellos de nosotros que podrían ser llamados «fanáticos de la salud» pueden acabar con cáncer, enfermedades cardíacas, esclerosis múltiple y otras dolencias... y, por supuesto, los accidentes también ocurren. (Igual pasa con las oportunidades, que llaman a la puerta en los momentos más raros.)

Al mismo tiempo, debemos comprender que no es funcional dejar que los temores acerca de lo que podría pasar nos impidan tomar buenas decisiones sobre nuestra salud y seguridad en el mundo físico. No podemos dejar que el hecho de que nos queda un número finito de días sobre esta tierra nos abrume y nos paralice; después de todo, si lo hacemos, estaremos tan aterrorizados que no querremos salir a la calle ni correr ningún riesgo.

Vivir audaz y creativamente no requiere que abandonemos hábitos sensatos o nuestro seguro de enfermedad. Requiere que seamos conscientes de que en la vida siempre hay asuntos que están fuera de control. No hay seguro de relaciones, por ejemplo, y la verdad es que el amor a veces acaba, pero necesitamos estar abiertos a él de todas formas. Del mismo modo, no hay seguro de vergüenza, pero aun así necesitamos expresar nuestra verdad sin tener en cuenta si alguien nos puede ridiculizar. Si nos decimos que podemos microadministrar nuestras vidas y evitar toda la pena o infortunio, nos quedaremos atrapados en niveles inferiores de conciencia, intentando desesperadamente construir una fortaleza contra el desastre.

Practicar la verdad significa estar dispuesto a considerar que todo lo que decimos y hacemos es una mentira diseñada para perpetuar el nido que nos hemos construido en el mundo físico: nuestra reputación social, nuestra boda, nuestra carrera, nuestra casa, nuestra calificación de crédito y cosas así. Cuanto más fuerte nos aferremos a nuestra ilusión de seguridad y control, más difícil será acceder al pozo creativo que está disponible para nosotros. Una vez nos liberemos de la noción de que tenemos el control de nuestras vidas, empezaremos a comprender que la mano del Espíritu siempre nos ha estado guiando, pero que simplemente no hemos sido conscientes de ese hecho. Entonces podremos girar el timón hacia quien siempre ha estado a cargo. Eso no significa que no tengamos que gobernar más el barco ni orientar las velas, sino que no tendremos que luchar contra el viento. A la larga, como Jonás, aceptamos que el Espíritu puede que nos quiera en Nínive, y respondemos a nuestra llamada allí.

Así que a menudo nos contamos a nosotros mismos mentiras acerca de quiénes somos para sentirnos seguros en nuestra identidad, para no tener que hacer el duro trabajo de enfrentarnos a nuestros defectos. Cuando creemos que nuestra propia presión cede, somos como el fumador que afirma que en realidad no fuma, menos el cigarrillo después de cenar cada día... y, bueno, el de antes de irse a la cama... y el paquete que coge cuando está realmente estresado, pero como no se lo fuma enteros, no hay que tenerlo en cuenta... Somos como aquel tipo que conduce un coche con un adhesivo en el parachoques que reza: «Practica actos de bondad altruista», y se atraviesa a otro conductor para llegar primero a aparcar en el hueco.

Acepta quién eres, ríete de tus debilidades y permite que otros vean tu yo real en lugar de presentarte con un artificio para hacerles creer en alguien que no eres. No sigas el ejemplo de un conocido mío, que es muy rico e insiste en decirle a todos los que se encuentra, desde camareros hasta taxistas, quién es y a quién conoce. No se siente cómodo cuando no aparece en su historia, así que esconde su verdadero yo.

Luego hay otra amiga mía, una exótica y hermosa mujer soltera que no cree en el temor o la deshonestidad. Cuando se le pregunta qué hace para ganarse la vida, responde con la cara seria: «Trabajo en la industria hospitalaria... Ahora mismo estoy limpiando casas». Es muy divertido observar las miradas en las caras de la gente y ver que los hombres se excusan de cualquier manera para alejarse de ella en una fiesta después de que haya hecho esa revelación. Al parecer, no quieren salir con alguien que sea «sólo una asistenta».

Cuando practicas la verdad, no te preocupan las apariencias y no temes estar expuesto. Reconoces que «hombre rico» y «ama de llaves» son sólo historias que no son extremadamente útiles para describir a quién eres hoy, porque eres mucho más que lo que haces o lo que has logrado.

El momento en que tienes el coraje de mirar en el espejo y observar tu reflejo con toda su belleza y fealdad es el momento en el que ese reflejo empieza a cambiar.

Practica la verdad mediante el coraje intelectual

No puedes practicar la verdad sin tener el coraje intelectual para admitir que no tienes ni idea de ella. Un simple acto de este tipo de coraje podría ser admitir a un grupo de gente que no te has formado una opinión acerca de cierto tema político porque aún estás intentando saber más de ello, y luego no sentirte ni incómodo ni avergonzado si te miran mal debido a tu confesión. De hecho, en última instancia debes ser lo suficientemente valiente como para confesarte *a ti mismo* que no sabes más que unos cuantos hechos. La verdad entonces deja de ser una búsqueda para encontrar gente que vea la realidad como tú, aquellos individuos con los que puedes estar de acuerdo en seguida. En lugar de eso, la realidad se convierte en una postura, un gesto que llevas a cada momento y cada compromiso. Ya no buscas la verdad, sino que la llevas a cada situación, sin importar lo incómodo que podría ser hacerlo.

Vivimos en un mundo en el que estamos constantemente expuestos a manipuladores que nos dicen qué deberíamos pensar antes de tener un momento de procesar la cruda información. Los medios de comunicación saben que carecemos de coraje intelectual y quieren la falsa seguridad de tener una opinión sólida y defendible ahora mismo. Una vez puse un canal de 24 horas de noticias, por ejemplo, y sólo vi un púlpito en el que un político estaba a punto de aparecer y hablar. Sobre aquella imagen, un experto consideraba con impaciencia qué sucedería si el portavoz dijese tal cosa en lugar de tal otra, y qué ocurriría la semana siguiente si alguien fuese a responder diciendo tal y tal cosa. La especulación se hizo cada vez más absurda mientras la cámara traicionaba la distancia entre la realidad de que no pasa nada y la ilusión de que si pudiésemos anticipar lo que posiblemente podría pasar en el futuro, todos nos sentiríamos mejor.

Es lamentable que tantas personas intenten menospreciar a otros sacándose de la manga alguna información no comprobada que al parecer demuestra la superioridad de su posición. Es tentador caer en ese tipo de discurso deshonesto en nuestras propias vidas: en seguida nos decimos a nosotros mismos que lo sabemos todo cuando normalmente nos falta alguna información vital o una perspectiva importante. En nuestros trabajos y en nuestras relaciones, nunca queremos admitir que carecemos de ciertas habilidades o necesitamos pulir otras. Más bien creamos excusas y nos volvemos hostiles y sarcásticos para que los hombres y las mujeres en nuestras vidas estén demasiado intimidados para enfrentarse a nosotros.

Utilizamos jerga para parecer más listos de lo que somos. Incluso nos unimos con otra gente que carece de habilidades y se siente insegura como nosotros, formando así un frente unido contra la única persona que exhibe su coraje intelectual para decir: «Eh, gente, creo que la estamos cagando ahí». Así es exactamente como acabamos con el pedido militar de váteres de 600 dólares o con el cargo de 12 dólares en hospitales por tiritas e ibuprofeno. Practicar la verdad significa ser el primero en reconocer que es necesario que haya nuevas maneras de pensar, para admitir que «necesito encontrar un poco más de información o desarrollar algunas habilidades antes de poder tomar una buena decisión».

Practica la verdad mediante el coraje moral y emocional

El coraje moral y emocional nos permite ser honestos acerca de nuestros sentimientos reales y asumir la responsabilidad por nuestros actos en todas nuestras relaciones; exige que amemos sincera y vulnerablemente. Cuando no practicamos este tipo de coraje, nos convertimos en hipócritas impenitentes negando nuestra deshonestidad. Y nos volvemos así porque admitir la distancia entre nuestras intenciones y nuestros comportamientos puede incomodarnos extremadamente.

He aquí un ejemplo de mi propia vida. Solía vivir en un barrio acomodado en el sureste, donde conocí a una pareja que había vivido en la zona durante generaciones. Mientras que sus padres y abuelos nunca habían aceptado a nadie que no fuese blanco, cristiano o sureño en su esfera social, esta nueva generación había decidido ser valiente, infringir las viejas reglas y tender la mano a individuos que sus antepasados habrían rechazado rotundamente. Sin embargo, no querían realmente ensoñar un club de campo o un vecindario más inclusivo; sólo les gustaba cómo sonaba la idea.

Mi esposa y yo recibimos una invitación para cenar en el club; durante la cena, nuestros nuevos amigos sonreían de oreja a oreja mientras nos contaban que normalmente había una espera de cinco años para poder hacerse socio, además de una cuota inicial de 60 000 dólares, pero que estaban dispuestos a pasar por alto ambas cosas si entrábamos. Naturalmente, les pregunté por qué estaban haciendo semejante oferta generosa, y dijeron que era porque, aunque mi esposa era judía y yo cubano, ambos éramos de piel clara. Aquello significaba que podríamos ayudarles a mostrar a los demás que aquel club de campo estaba abierto a gente de las minorías étnicas sin molestar demasiado a los demás socios invitando, por ejemplo, a una pareja afroamericana a cenar.

Mi esposa y yo nos quedamos completamente atónitos al oír aquello. Estaba claro que nuestros vecinos pensaban que su acuerdo era bastante hábil; sin embargo, tal como lo veíamos nosotros, estaban siendo unos hipócritas. Al no ser el tipo para un club de campo de todos modos, decidí ver lo cómodos que estarían conmigo como socio y procedí a contarles mi trabajo con los chamanes en el Amazonas. Al parecer, nuestros supuestos amigos decidieron que mi esposa y yo éramos un poco *demasiado* oscuros para ser parte de su círculo social, y nunca más volvimos a recibir una invitación para cenar con ellos.

Cuando practicamos la verdad, no estamos metiendo un dedo en el río, estamos saltando a sus embravecidas aguas y nos estamos empapando. No puede haber timidez, ni compromisos, ni soluciones intermedias; si intentamos practicar la verdad sólo un poco, acabaremos convirtiéndonos en hipócritas.

Se está haciendo cada vez más difícil librarse de la hipocresía hoy en día. Podemos pensar que tenemos privacidad o que somos invulnerables al cotilleo pueblerino, pero ahora estamos en un mundo de YouTube, donde alguien puede atrapar nuestro comportamiento en un teléfono móvil y subirlo para que todo el mundo lo vea en cuestión de minutos. Eso hace más difícil para cualquiera de nosotros vivir sin integridad y continuar engañándonos, pero es extraordinario observar a la gente en la televisión negando categóricamente algo que dijo o hizo que está por todo Internet y ha sido visto por millones de personas.

Puede ser realmente útil vernos en vídeo porque cuando lo hacemos es mucho más difícil mantener la ilusión de que no somos rígidos, petulantes o inseguros. De igual modo, tendemos a tener dificultad cuando miramos fotos de nosotros mismos porque las imágenes a menudo contradicen nuestras impresiones acerca de cómo salimos. El peso extra, las arrugas, el aspecto tenso y el lenguaje corporal que dice «no soy feliz» son mucho más difíciles de negar cuando nos estamos observando en una fotografía.

No necesitas espejos, ni fotos, ni embarazosos vídeos de YouTube para ver tu comportamiento reflejado; simplemente mira las evidencias y escucha a aquellos que están dejando pistas de que no estás actuando en sincronía con tu intento. Sé consciente de lo que estás haciendo, tanto si estás conduciendo como si la carretera fuese tuya como si insistes: «Oh, no pasa nada, no estoy loco», cuando en secreto te está hirviendo la sangre con resentimiento.

Acuérdate de vivir con integridad

Como puedes ver, actuar con coraje emocional y moral significa ser sincero con tus valores. Para vivir con integridad tienes que tener claro cuáles son tus valores. Quizás fuiste educado con reglas rígidas en cuanto a lo correcto y lo incorrecto, y te quedaste bastante sorprendido la primera vez que saliste de tu vecindario o tu zona de confort y conociste a alguien con valores totalmente diferentes.

Para ilustrar lo que digo, me gustaría contarte una historia de cuando era un joven explorando el Amazonas. Algunos amigos y yo éramos los huéspedes de un grupo de moradores de la selva tropical que nos proporcionaron un fantástico banquete, lo cual entendimos como su manera de darnos las gracias por los regalos que les habíamos llevado.

Una muchacha de unos 12 años estaba siendo tan amable con uno de mis compañeros que incluso cuando se retiró a su tienda para pasar la noche, ella no dejó de pasarse por allí, ofreciendo entrar y darle agua fresca o cualquier cosa que pudiese necesitar. Él se quedó tan desconcertado por las continuas atenciones de ella que al final salió, despertó al guía que habíamos contratado y le preguntó: «¿Qué está pasando? ¿Por qué esta cría está constantemente intentando servirme?». El guía habló con algunos aldeanos y volvió con la noticia de que acabábamos de asistir a un banquete de bodas, y... ¡sorpresa! El novio era mi compañero.

Mi amigo y yo nos quedamos helados con la idea de que al permitirnos aquel banquete, ¡él se había casado accidentalmente con aquella muchacha! Recogimos todo en plena noche y nos apresuramos a marcharnos de allí con nuestro grupo. Más tarde, nos sentíamos tan mal por la humillación que debíamos de haber causado a la pobre muchacha que le pagamos su escolarización en un colegio cercano. Más de una década después fui a ver qué era de ella y descubrí que se había vuelto a casar, que había tenido varios hijos, y que era un enlace entre su gente y los de fuera, gracias a la lengua y la educación que había recibido como resultado de nuestro apoyo.

En mi mundo, casar a una niña de 12 años con un extraño era impensable, así que nunca caí en la cuenta de que al celebrar aquel particular banquete con los nativos, mis amigos y yo estuviésemos acordando una boda. Pero como antropólogo, también soy consciente de que cada cultura tiene valores que supone que son los mismos para todo el mundo, y puede ser complicado interactuar con gente que vive con una serie de reglas muy diferentes. Además, cuando se practica la verdad, el objetivo es siempre actuar de un modo que sea congruente con nuestros valores y respetuoso con los de los demás.

Para evitar la incomodidad de descubrir que nuestros valores son diferentes de los de otras personas, a menudo escogemos aferrarnos a nuestros semejantes. Nos proporciona confort vivir en un vecindario donde podemos decir nuestra opinión abiertamente y saber que nadie de los que encontremos nos contradecirá y expresará una visión diferente. Cuando nuestros ideales son cuestionados, o conocemos a alguien que nos parece agradable y amable pero que admite tener otros ideales completamente diferentes, experimentamos sorpresa e indignación. Por ejemplo, damos por sentado el valor de la democracia y creemos que es el mejor tipo de gobierno para todo el mundo... y nos levantamos en armas cuando un país del Próximo Oriente decide que quiere vivir gobernado por la ley islámica.

Si somos honestos con nosotros mismos, seremos desafiados a cuestionar nuestro propio dogma. Pero a menudo nos resistimos a experimentar ese doloroso conflicto, decidiendo en su lugar ser sinceros a los valores con los que nos educaron... incluso cuando no nos funcionan (por eso existe la regla en nuestra cultura de «no hablar nunca de política o religión»). Es más fácil no tener que luchar con lo que creemos inconscientemente o enfrentarnos al hecho de que no estamos siempre en sincronía con la gente que queremos o por la que nos preocupamos.

Recuerdo una vez que, cenando con el mitólogo Joseph Campbell, me confesó con un vaso de vino que «lo que llamamos realidad sólo son aquellos mitos que aún no hemos estudiado del todo». No obstante, para ser emocional y moralmente valientes, tenemos que dejar a un lado nuestra verdad personal, que no es siempre compartida por otros, y practicar la verdad universal.

Practica la verdad universal

Existe la noción narcisista en nuestra cultura de que, mientras estemos en contacto con nuestra propia verdad y la expresemos, tendremos un cierto nivel de nobleza. Nos concentramos en nuestro derecho a ser honestos, olvidándonos de que todo el mundo tiene una verdad personal que es igualmente valiosa.. o igualmente absurda. Practicar la verdad personal es un pobre sustituto de practicar la verdad universal. La primera no sólo no es muy creativa, sino que únicamente sirve para justificar la historia de un salvador, un matón o una víctima.

Toda gran tradición espiritual habla de una verdad universal que puede ser experimentada por todos, tanto si es conocida como «filosofía perenne» o como «el Logos». Una verdad personal, por otra parte, es siempre una mentira diseñada para justificar un terror sentido frente al misterio de la creación. Si mi verdad es diferente de la tuya es porque ambos nos aferramos a una idea limitada, confundiendo nuestras propias perspectivas con la verdad universal. Desde el momento en que nos apegamos a nuestro dogma personal, empezamos a justificarlo, y es entonces cuando caemos en la pesadilla de historias desalentadoras.

Si renunciásemos a nuestras verdades personales, dejaríamos de juzgar a otros según lo que funciona para nosotros. Las «guerras de mamás» acabarían, y dejaríamos de comparar nuestras huellas globales y de quejarnos de que el otro no está haciendo bastante para salvar el planeta. Los americanos tendemos a responder a la acusación de que estamos siendo derrochadores o insensibles al apuntar hacia otro grupo o país que es más derrochador o insensible que nosotros. Por supuesto, nunca señalamos a nadie que sea *menos* derrochador o *más* sensible que nosotros, porque nos obligaría a ser honestos con nuestros propios defectos. Al refunfuñar sobre cuánto carbono está enviando China a la atmósfera o lo violentos que son los terroristas, justificamos nuestra propia contaminación y nuestras políticas violentas. Pero nada de eso contribuye a un mundo más limpio y más seguro para nadie.

La verdad personal está arraigada en la conciencia de jaguar, que nos mantiene enfocados en lo que creemos que es «la» verdad cuando sólo se trata de nuestra perspectiva. En una relación, un hombre podría decir: «Tenías un compromiso conmigo pero no lo cumpliste y permaneces en la relación, por tanto me has traicionado»; eso justifica su percepción de que su compañera es una matona que le ha victimizado. Ella, por su parte, podría sentir que se le faltó el respeto y no se la apreció en la relación, así que su verdad es que ella es la víctima mientras que él es el matón. La verdad universal es que ambos estaban tan atrapados en sus cargas psicológicas, kármicas, que uno de ellos decidió acabar con la relación. Si se dieran cuenta de esa verdad superior, podrían celebrarlo y agradecerse el uno al otro las lecciones y el viaje.

Una verdad universal no tiene emociones fuertes ni críticas asociadas como tiene una verdad personal. La verdad universal acerca del calentamiento global, por ejemplo, es que los seres humanos están poniendo a prueba el planeta en masa, por lo que necesitan ponerle freno a las actividades que contribuyen a acabar con la Tierra. La verdad universal acerca de la paz es que los seres humanos se dedican habitualmente a realizar actos de violencia emocional, verbal y física; cuando tienen que hacer frente a eso, a menudo buscan excusas para ello.

El camino hacia la paz es mediante la práctica de la verdad universal; nos saca de la historia de quién es el chico bueno y quién el malo, y nos ayuda a ensoñar valiente y creativamente en lugar de juzgarse entre sí. Pero semejante verdad sólo puede experimentarse y practicarse mediante el coraje del alma.

Practica la verdad mediante el coraje del alma

Con el coraje del alma somos conscientes de cada oportunidad de expresar y crear verdad, y nos valemos de ella. Nuestra verdad se expresa en nuestras acciones y palabras; si escuchamos lo que decimos y los mensajes que nos dan nuestros cuerpos, nos daremos cuenta de cuándo hemos caído en la mentira y en la pesadilla.

Si estás soñando valientemente, encontrarás que tu lenguaje está activo porque el coraje está activo. Describirte a ti mismo con adjetivos agradables, como «bondadoso» o «una persona espiritual y compasiva», es una manera de evitar el desafío de involucrarse en acciones bondadosas, espirituales y compasivas. De manera similar, al igual que cualquier hombre puede llegar a ser «padre», hacer de padre es algo mucho más difícil de conseguir. Y ser un amante es una cosa, pero amar valientemente y actuar amorosamente con tu pareja después de veinte años es otra cosa.

Puede que hayas sido bondadoso, espiritual y compasivo en el pasado y lo sigas siendo en el futuro, pero ten en cuenta que está en la naturaleza humana dormirse en los laureles, tanto si nos conviene hoy como si no. Así que confiesa tu deseo de pensar en ti como una buena persona, además de tu hábito de pasar por alto la evidencia de que no te estás comportando muy bien en este momento. Reconoce las excusas que te pones y practica la verdad.

Cuando sueñas valientemente tu lenguaje dejará claro quién está llevando a cabo una acción. En lugar de quejarte y decir: «*Algo* debería hacerse con esa situación», afirmarás: «*Debería* hacer algo con esa situación. *Debería* ensoñar algo mejor y empezar a hacer que ocurriese». Con la enorme creatividad y pasión del alma reconocerás qué acción emprender, y te adentrarás en el coraje sin vacilación.

Se requiere valor moral e intelectual cuando nos estamos escondiendo detrás de palabras para evitar ser honestos, éticos, valientes o creativos; o cuando estamos utilizando el lenguaje para crear historias. En la guerra nos referimos a «daños colaterales» a los civiles, hablando de nuestros «luchadores por la libertad» y «tiradores de primera» que intentan derrotar a los «terroristas» y «francotiradores» del otro bando. Incluso el ejército ha cambiado el nombre de Escuela de Francotiradores por el de Escuela de Tiradores de Primera.

Una clienta mía me contó que se dio cuenta de que finalmente se había liberado de su historia de victimismo cuando cambió su respuesta a la pregunta: «¿Entonces a qué te dedicas?». En lugar de empezar con: «Soy una madre soltera» y seguir con una descripción de sus penas, ahora decía: «Estoy trabajando en mi máster de escritura creativa y criando dos hijos», enfocándose en las acciones que estaba llevando a cabo en concordancia con su intento.

En otras palabras, lo que crees que *eres*, una madre soltera, un empresario, un paciente de cáncer, no es necesariamente una descripción de lo que estás haciendo hoy. Puede que estés aprendiendo, explorando, sanando, creando o descubriendo. Rompe con las simples etiquetas que te colocas, descubre lo que estás haciendo e investiga si preferirías probar algo diferente. Sé consciente de que lo que estás haciendo es congruente con quien eres realmente.

¡No te olvides del humor!

El humor puede ser una poderosa herramienta para practicar la verdad, porque hace más fácil tratar hechos duros de nuestras vidas, y para vernos con claridad. Es por eso por lo que en la Edad Media el bufón de la corte era la única persona que podía decirle al rey la incómoda verdad. Cuando somos capaces de reírnos de nosotros mismos, nos estamos basando en nuestro coraje. Nuestra disponibilidad para burlarnos de nosotros mismos también inspira a otros para liberarse de sus máscaras y practicar la verdad.

Sin embargo, el humor cínico también puede ser utilizado para evitar la verdad. Practicar la verdad significa valorar y respetar a la gente. Los chistes que pretenden intimidar o herir a alguien te encierran en una historia desalentadora de ser un matón justiciero. Los que pretenden tranquilizar y animar, por otra parte, son refrescantes y encantadores. La risa te permite extraer el drama de una situación y aliviar la punzada de la honestidad. La leyenda del Buda sonriente dice que alcanzó la iluminación capturando serpientes venenosas y quitándoles los colmillos para que no pudiesen herir a nadie. La verdad, suavizada con la risa, cura.

El humor te permite ver que te has quedado atrapado en el guión de una mala película o de un culebrón; te recuerda que puedes crear algo más potenciador que «acabo de ser traicionado por mi mejor amigo» o «mi médico me ha dado un pronóstico desalentador y me quitó toda esperanza». Con humor puedes ver el vaso medio lleno (o incluso sólo un cuarto lleno) porque te conecta con una sensación de optimismo y positivismo. En lugar de ser el llanero solitario partiendo hacia la puesta de sol, te conviertes en uno de los que han renacido de las cenizas de una relación o superado el miedo a la muerte o la pérdida.

Comentar: «Vamos a hacer historia cuanto todo esto acabe» o «Me siento como si estuviésemos en el peor *reality show* del mundo» te permite reírte con todos los demás que estén en el bote salvavidas. También te recuerda que los hechos de cualquier situación están siempre cambiando, así que tan pronto alteres la manera en que ves esos hechos, empezarás a cambiar la realidad. Incluso en las situaciones más oscuras, el humor que expresa tu capacidad para ensoñar aporta luz.

La risa ayuda a reparar nuestros cuerpos de la tensión, disminuye los niveles de la hormona del estrés, el cortisol, te protege el corazón y refuerza la inmunidad. Y no hay duda de que el propio universo tiene sentido del humor, y la risa está escrita en nuestro ADN. De hecho, se dice en el hinduismo que la sílaba sagrada OM es el sonido del universo riendo.

La vida de cada día puede ser absurda, repleta de evidencias de que el Creador tiene cierto gusto por las extravagancias. Como dicen, si quieres hacer reír a Dios, cuéntale tus planes.

Compañeros para practicar la verdad

La mayoría de nosotros tiene al menos una persona en su vida, a menudo un miembro de la familia o un viejo amigo, que nos mantiene honestos al rechazar aceptar cualquiera de nuestros engaños. Nos quejamos de ellos, les amenazamos con acabar la relación… y luego nos encontramos atraídos irresistiblemente a interactuar con ellos. En última instancia tenemos que admitir que nos sentimos atraídos por su compañía porque no nos dejan que sigamos con nuestra deshonestidad. Puede ser doloroso cuando alguien es demasiado franco con nosotros, pero la mayoría instintivamente nos agarramos bien a la persona con la que siempre podemos contar para decirnos cuándo se nos está subiendo la tontería a la cabeza, cuándo no estamos siendo sinceros con nosotros mismos o no estamos actuando en concordancia con lo que decimos que es nuestro intento.

Semejante «golpe» puede ser muy útil para ayudarnos a practicar la verdad con regularidad. Siempre puedes hacer la elección de entrenar a otros para comunicarte contigo de un modo más amable, pero valora la honestidad de esos individuos y ten el coraje de agradecérselo por eso.

Con demasiada frecuencia los terapeutas actúan en connivencia con nuestras historias desalentadoras y nos recuerdan amablemente lo atrapados que estamos en el pasado, confirmando: «Bueno, ya sabes, *eres* una hija adulta de un alcohólico, por lo tanto está claro que te sientes atraída por hombres que te maltratan». Sin embargo, los buenos consejeros también serán un golpe, insistiendo gentil pero firmemente en que debemos practicar la verdad, diciendo: «Sé que tu padre fue un alcohólico abusivo y que te has sentido atraída por hombres que te han maltratado en el pasado... pero ¿de qué sirve salir con alguien que acabas de conocer que te dijo directamente que tiene problemas para ser fiel en las relaciones?».

También te comentará: «¿Estás bebiendo otra vez? Pensaba que habías dicho que lo habías dejado». Ella es la hija pequeña que refleja todos tus temas irresueltos y que te dice alegremente: «Bueno, no veo por qué no puedo hacerlo si a ti se te permite», desafiándote a inventarte una explicación lógica para tu pretensión.

En el siguiente ejercicio adquirirás práctica para liberarte de comportamientos evasivos y para empezar a ser tu propia voz de la conciencia.

Ejercicio: convertirte en tu propia voz de la conciencia

Nos gusta creer que somos sinceros a nuestros propios valores todo el tiempo, pero el hecho es que la mayoría de nosotros traicionamos nuestros principios más profundos pocos segundos después de insistir en tono de superioridad moral que para nada los incumpliríamos. El escorpión pide a la tortuga si le puede llevar para cruzar el río en su espalda. «Lo haría con gusto –responde la tortuga–, pero sé que probablemente me picarás».

El escorpión dice que por supuesto no lo hará; como no puede nadar, si picase a la tortuga en mitad del río, ambos morirían. La tortuga está de acuerdo en que eso tiene sentido y permite que el escorpión suba a su caparazón. A medio camino, el escorpión le pica en el cuello, y la tortuga aturdida grita: «¿Por qué has hecho eso?». Mientras empiezan a hundirse, el escorpión responde: «Es mi naturaleza».

Intenta articular tu meta más alta: ¿aspirar a ser un gran sanador, acabar con la pobreza de tu época o utilizar la música que creas para convencer a incontables personas para que vean amor a su alrededor? Incluso si te das cuenta de que tu ambición suena grandiosa, no te juzgues. Permítete ser extravagante por el momento.

Ahora pregúntate cuál es tu sueño, sin las metas conducidas por el ego que se adhieren a él. ¿Podría ser trabajar curando a otros y a ti mismo o hacer todo lo que puedas para aliviar el sufrimiento de los perros callejeros de tu vecindario? ¿Es tu sueño expresarte mediante la música y quizás influir a otros para que también la practiquen? Recuerda que tu sueño no debería llegar a un punto final de maestría y poder; debería ser algo que puedas cumplir hoy en un pequeño momento.

Cierra los ojos e imagina lo que podrías hacer para manifestar esa visión antes de que te vayas a dormir esta noche. Si escoges marcarte una meta a largo plazo, como reservar un retiro de fin de semana de meditación de aquí a seis meses, o planear unas vacaciones en un parque de atracciones para pasar buenos momentos con tus hijos, está bien, pero déjalo ahora. ¿Cómo puedes meditar hoy, antes de irte a la cama? ¿Cómo puedes pasar un buen rato con tus hijos hoy, aunque sea por teléfono, antes de que se duerman?

Ahora que sabes lo que quieres hacer, y te das cuenta de que tu ensueño está alimentado por la pasión de tu alma más que por la voluntad de tu ego, encuentra un modo de actuar valientemente antes de que acabe el día. Podrías escoger decir una verdad incómoda que sirva para reparar una relación o interactuar de una manera nueva con alguien para crear un sentido de intimidad más profundo con ellos. Sea cual sea tu acto inventivo y valiente, hazlo ahora.

~ ~ ~ ~

Ser consciente, no juzgar y practicar la verdad universal son cosas necesarias si quieres ensoñar una realidad mejor. Representan el cimiento para la próxima práctica de Guardián de la Tierra: limpiar tu río.

CAPÍTULO OCHO

Limpiar tu río

Hazlo. O no lo hagas. Pero no lo intentes.
YODA

Nuestras vidas son como corrientes de río: cuando intentamos controlar su curso, simplemente hacemos ademanes hasta que caemos bajo aguas repletas de cieno, que es el residuo tóxico de nuestras heridas psicológicas y kármicas. Al no tener ni idea de cómo limpiar el cieno, nos lo tragamos, y nos ahoga, dejándonos con sed de un arroyo claro y limpio que nos ayude a prosperar.

Luchamos contra la corriente, pero nunca limpiamos el río. Es decir, continuamos atrayendo a personas y situaciones que reflejan nuestra toxicidad. Encontramos que cuanto más furiosos estamos, más motivos tenemos por los que estar furiosos. Cuanto más abandonados nos encontramos, más nos sentimos atraídos por otros que abandonan a quienes les importan.

Desgraciadamente, ninguna de nuestras luchas nos ayudan en lo más mínimo. Al final nos quedamos sin nada vivo en nuestro río: sin sueños, sin esperanzas, sin amor, sin pasión y sin respeto por nosotros mismos. Y nuestras aguas no aportan vida a nada de nuestras orillas, así que el resultado final es una zona muerta a nuestro alrededor en la que nada florece.

Es hora de reconocer el origen de esos elementos contaminantes y cerrar la fuente de donde surgen.

La psicología occidental nos dice que tenemos que instalar plantas de tratamiento de aguas residuales y sistemas de filtración para hacer que nuestra agua vuelva a ser potable. Para los Guardianes de la Tierra, nada podría estar más lejos de la verdad. Ellos creen que el río se limpia a sí mismo una vez que empezamos a alimentarlo con agua cristalina en lugar de bombearlo con venenos. Luego podemos dejarnos llevar por la corriente hasta donde nos lleve, confiando en que el río sabe cuál es el mejor destino para nosotros. Una vez las aguas corren limpias, no tenemos que buscar nuestro destino; ha estado ahí todo el tiempo, esperando a que convirtiésemos nuestro río en una corriente de nutrición y pasión.

Practica la belleza

Cuando empieces a verter belleza en tu río, encontrarás que las aguas se están volviendo más claras cada día. Por ejemplo, la gente que solía provocarte desaparecerá; cuando halles a alguna persona que te habría irritado en el pasado, no sentirás ningún deseo de ponerte a pelearte con él. De la misma manera, perderás el interés en desfogarte y no te sentirás motivado a provocar ira o indignación. Las situaciones que una vez encontraste abrumadoramente depresivas o indignantes simplemente se convertirán en situaciones. No las juzgarás como buenas o malas, o como alentadoras o agobiantes, porque sabrás que los hechos están siempre en un estado de flujo, incluso cuando parece que fuesen estáticos. Recordarás que tu vida se alinea para reflejar tu estado saludable e incontaminado.

Para practicar la belleza debes dejar las feas historias en las que alguien es una víctima y alguien más es el perpetrador. Has de dejar de ver el mundo mediante gafas gris ahumado, declarando que todos y todo se queda corto según tus expectativas. Tienes que liberarte del cinismo y la apatía, y encontrar la esperanza y la posibilidad en todas las personas y situaciones.

Eso es especialmente difícil de hacer en una cultura que valora enormemente las ingeniosas expresiones de cinismo y declara que la fealdad es la verdad y que la verdad es fea. Presentadores de programas de entrevistas, comentaristas políticos e insidiosos escritores de Internet se deleitan con su capacidad para exponer la «verdad» acerca de cómo no se puede confiar en nadie, de que no hay nada en lo que creer y de que todos nuestros héroes son en realidad estúpidos y falsos. En seguida nos encontramos también pensando de ese modo, descubriendo conspiraciones en todas partes. Creer en la belleza empieza pareciendo ingenuo e infantil más que acertado y agradablemente inocente. Nuestro río se vuelve tan espeso con historias de chicos buenos y malos que no podemos ver el fondo, debido a todo el fango.

Practicar la verdad significa reconocer lo que es puro y valioso en cada situación y cada persona. Significa que incluso cuando nuestro vecino haya hecho algo terrible y esté lleno de veneno, aún le quieras igualmente, porque ves en él el potencial de ser una mejor persona y la parte que una vez fue un afectuoso niño. (Puede que tengas que entrecerrar los ojos muy, muy fuerte para descubrir semejante belleza entre la fealdad, pero siempre está ahí, en cualquier humano.) Puede que tengas que protegerte de tu vecino hasta cuando llegue el momento en que sea capaz de ver la belleza en él mismo y empiece a actuar de un modo bello. Sin embargo, el momento en el que escoges ver la belleza es el momento en el que te potencias para elevarte por encima de la fealdad y te liberas de las historias que están atascando tu río.

Recuerda tu coraje de jaguar

Nuestra cultura nos ha incitado a hacernos responsables de nosotros mismos y nuestras penas..., pero al mismo tiempo nos anima a sentirnos victimizados, culpar de nuestro estado a otros y permanecer en la misma situación sin sanar. No es que no aspiremos a ser individuos responsables y sanos; es que somos bombardeados por mensajes que nos dicen que la solución a nuestros problemas es seguir adelante y obtener algún producto, servicio o ideología que nos haga sentir mejor. Mientras tanto, señalamos culpando a otras personas y permanecemos en nuestro estado de víctima. Desde nuestra insistencia de que nuestros padres no nos dieron suficiente de lo que necesitábamos, hasta nuestra idea de que es por culpa de los terroristas de Oriente Medio por lo que nuestro mundo no es un lugar seguro, mantenemos la actitud de que el problema es otro.

Cuanto más escuchamos el mensaje de que no somos realmente responsables de nuestras situaciones, más tentados estamos a inventarnos historias acerca de nuestro victimismo y tratamos de alcanzar un arreglo rápido en lugar de practicar la belleza, lo cual requiere un gran coraje en el nivel de jaguar. Debemos liberarnos de nuestro dogma sobre cómo son las cosas y abrirnos a la posibilidad de que los hechos han cambiado, así que nuestra hipótesis necesita ser revisada. Debemos liberar las fuertes emociones que impulsan nuestras historias de victimismo y nos obligan a ser nobles salvadores y matones.

En América estamos tan mesmerizados por nuestros sentimientos que prácticamente los adoramos. Confundimos la realidad en nuestra mente, nuestra realidad universal, con *toda* la realidad, confundiendo nuestra verdad personal con la universal, y llegamos a creer que nuestros sentimientos e ideas son de la mayor importancia. Como nuestras mentes crean nuestras impresiones de la realidad, esto puede provocar un verdadero problema cuando utilizamos nuestras emociones y pensamientos negativos para crear historias desalentadoras. Si en lugar de eso escogemos acceder al coraje emocional, moral e intelectual disponible para nosotros en el nivel de la conciencia de jaguar, nos propulsaremos lejos de esas viejas y paralizantes historias. El coraje de jaguar nos ayuda a empezar a limpiar nuestro río y a practicar la belleza.

Una clienta mía se sintió profundamente herida cuando su esposo no la fue a visitar al hospital después de someterse a una operación. Su excusa era que los hospitales le incomodaban con todos sus olores extraños y gente enferma, y le dijo a su esposa que sentía que necesitaba «honrar» a sus sensaciones de incomodidad y no verse sujeto a estar en una clínica. Las necesidades de ella no contaron para su decisión, ya que las suyas propias eran monumentalmente importantes para él.

Si aquel hombre se hubiese abierto al coraje de jaguar, habría dejado a un lado sus sensaciones y habría encontrado la belleza en su capacidad para sentarse junto a su esposa y reconfortarla. Habría apreciado que ella estaba siendo cuidada y que se estaba recuperando, y habría dado gracias por poder estar allí para expresar su apoyo por la mujer que ama. No se habría distraído por los olores, los ruidos y lo que se ve en un hospital… o el drama de sus sentimientos. Desgraciadamente, no fue capaz de hacer nada de eso.

Entregarse a nuestras emociones, obsesionándonos acerca de por qué nos sentimos así, y aplaudirnos por dedicar demasiado tiempo a la autoexploración puede ser tan paralizante como no ser consciente de por qué sentimos y actuamos así. La autorreflexión cumple un objetivo, y todas las emociones (incluso las más incómodas) son valiosas porque pueden darnos pistas acerca de las historias que nos estamos contando a nosotros mismos, despertándonos de la pesadilla y recordándonos que empecemos a ensoñar de nuevo. El problema es que nuestra fascinación por las neurosis y emociones puede hacer que nos quedemos atrapados en un atolladero de autorreflexión, actos cobardes e ignorancia hacia otros, igual que el mito griego de Narciso.

Según la leyenda, Narciso era un hermoso pero egocéntrico joven que rechazaba a todos los que le ofrecían amor, hasta que una amante rechazada se enfureció y le maldijo con el destino de experimentar amor no correspondido. Narciso se vio a sí mismo en un estanque, se enamoró locamente de su reflejo y se inclinó para besarlo… y se quedó desconsolado cuando su «querido» se volvió ondas. Sollozó apenado, pero entonces se dio cuenta de que su amado había vuelto al río. Alegremente, intentó volver a besar su reflejo, pero lo volvió a ver disolverse. Y cuando el agua se calmó de nuevo, tuvo que aceptar que nunca podría tocar a quien amaba, así que se sentó mirando con ansia a su reflejo, languideciendo de pena hasta que al final murió.

Como Narciso, podemos quedarnos atrapados en nuestros interminables pensamientos acerca de nosotros mismos, insistiendo en que la situación perfecta se presentará por sí misma en el futuro y que no hay necesidad de «conformarse» con lo que se nos está ofreciendo ahora. Si estuviésemos constantemente rechazando oportunidades porque estamos tan concentrados en creencias como: «Me merezco algo mucho mejor que esto», entonces estaríamos condenados a pasar nuestros días contemplando las mismas antiguas y aburridas preguntas de: «¿Quién soy? ¿Por qué estoy aquí?». Nos quedaremos esperando el día en que nuestra vida se disponga para cumplir con nuestras expectativas de perfección. Por supuesto que ese día nunca llegará, y permaneceremos atrapados en la orilla del estanque mirando nuestro reflejo.

Ser honesto con tus propios errores y defectos de carácter (dejar a un lado tu vergüenza, tu incomodidad y tu actitud defensiva) es un gran comienzo para limpiar tu río, pero es sólo un comienzo. Acepta que tu río está contaminado, pero no te quedes atascado poniendo excusas como: «Bueno, así es como soy; la gente tiene que aceptarme». Ningún maestro espiritual, terapeuta, devoto cónyuge o hijo limpiará el río por ti. Sólo tú puedes hacerlo.

El verdadero estilo de vida americano

Nos quedamos demasiado fascinados con nuestras historias y emociones como cultura. Nos preguntamos quiénes somos como americanos, por ejemplo, y cuál es nuestro carácter. Hablaremos de nosotros interminablemente en lugar de cambiar del análisis a la acción. Como nación, podríamos modificar el modo en que tratamos a nuestros ciudadanos más vulnerables (así como a aquéllos de otros países), pero estamos demasiado ocupados obsesionándonos con nuestros dogmas y valores, de los que afirmamos que son los mejores del mundo.

Decimos que la libertad es tan importante que vale la pena a toda costa, incluso si el coste es el calentamiento global, la explotación de los pobres y el agotamiento de los recursos del planeta. Mientras se nos permita comprar una casa grande, un coche que consume mucha gasolina y una hamburguesa del restaurante de comida rápida, estaremos dispuestos a legar el coste a otros, sin tener en cuenta si son nuestros nietos o habitantes de países subdesarrollados. Si realmente creyésemos que la libertad es un valor universal de vital importancia, la honraríamos y valoraríamos el derecho de los demás a respirar aire limpio, beber agua potable y vivir sus vidas a su manera sin que estemos intentando arreglárselas. Nos liberaríamos de nuestras historias y encontraríamos la belleza en su estilo de vida.

Los Estados Unidos tienen una historia secreta e incómoda de invasiones de otros países y de intimidaciones para que sigan nuestro ejemplo. Hemos derrocado gobiernos e instalado dictadores que pensábamos que cuidarían nuestros intereses económicos (Noriega en Panamá, el sha en Irán y otros), razonando que todos se beneficiarían de algún tipo de efecto goteo. Olvidamos que la manera más efectiva de compartir la democracia y la libertad es ser pacientes, respetar a los demás y dar ejemplo con lo que realmente valoramos, no mediante la intimidación y el comportamiento con superioridad moral. Violamos los principios de la democracia para imponérsela a otros, y luego estamos confusos cuando ellos rechazan nuestra forma de gobierno.

Durante el transcurso de la historia, aquellos que han sido influenciados por los Estados Unidos se impresionaron menos por nuestra retórica que por nuestros actos valientes y nuestros ejemplos de generosidad y creatividad. De hecho, algunas de las mayores innovaciones americanas no han surgido del deseo de generar provecho sólo, sino del deseo de explorar, descubrir y ser creativos. La intención original de la Walt Disney Company, por ejemplo, fue llevar la magia a los corazones de los niños en todo el mundo. El señor Disney y sus animadores se dedicaron en cuerpo y alma a crear innovadoras películas como *Fantasía*, que no recaudó dinero durante años.

De modo similar, los artistas de *blues* y *jazz* de la década de 1920 y los grandes del *rock and roll* de las décadas de 1950 y 1960 no estaban intentando generar seguridad para sí mismos adhiriéndose a una fórmula probada para el éxito. Ni Bill Gates ni Steve Jobs garantizaron tener la seguridad de títulos universitarios antes de ensoñar con ordenadores personales en cada hogar y juguetear en un garaje para hacer su sueño realidad.

Cuando nosotros los americanos vivimos y actuamos según nuestros principios, inspiramos a otros. En todos los rincones del mundo la gente está influenciada por nuestra música y tecnología. Nuestros símbolos de libertad fueron utilizados por los franceses en su Revolución y por los chinos en su protesta de la plaza de Tiananmen en 1989. Así que, como país, tenemos más que ofrecer al planeta que la promesa de un McDonald o un Starbucks en cada calle principal desde Bangkok hasta París. Y como individuos, impresionamos al resto del mundo cuando hacemos lo que decimos, en lugar de afirmar: «Haz lo que digo, no lo que hago».

El coraje de jaguar permite examinar nuestras acciones y eliminar la hipocresía del río. Nos apoyamos en nuestra propia desautorización mientras continuamos indefinida e infructuosamente analizándonos, dando tremenda importancia a nuestros sentimientos y a nuestras historias; culpando a otros de nuestros problemas e inquietándonos porque el amor, la paz, la satisfacción y la aceptación no aparecen mágicamente en nuestras vidas y por todo el planeta. Incluso si suponemos que estamos atrayendo a las personas y las situaciones que no nos hacen felices, nuestro enfoque en intentar imaginar por qué nos sentimos así nos lleva tanta atención a nuestros temores e inseguridades que les damos vida. Entonces nos quedamos atrapados sacando más y más historias de victimismo y lamentando nuestra impotencia en lugar de ensoñar valientemente.

Utiliza tus superpoderes

Conocer el origen de nuestras historias nos ayuda a identificar las toxinas que están envenenando nuestro río y desconectándonos de nuestra pasión, pero eso es sólo el primer paso. Desgraciadamente, muchos de nosotros nunca damos el siguiente, en el que nos damos cuenta de que *nosotros somos* el origen. Y empezamos a reconocer cómo repetimos nuestras viejas historias como un compositor cuya música comienza a sonar al mismo tiempo que recicla los mismos compases trillados.

Si estás atrapada en una historia que has titulado «¿Cómo pude casarme con ese idiota?», reconoce tu poder para contar la historia de otro modo; luego escoge, conscientemente, construir una nueva de inmediato. Aquí en tu ensueño valiente, has renacido como un heroico superviviente con un pasado que revela el origen de tu sabiduría y poder. Los años que has pasado sufriendo abusos físicos y emocionales durante tu matrimonio, por ejemplo, te templaron y te enseñaron cómo ser compasiva. No aprendiste la compasión después de leer el libro del Dalái Lama; la aprendiste en la boca del lobo. Tu nueva historia te permitirá encontrar la belleza en tu fallido matrimonio e incluso en tu primera pareja. Te proporcionará el coraje para agradecerle las lecciones que él o ella te enseñó, por muy doloroso que fuese aprenderlas.

En los cómics los superhéroes normalmente empiezan como gente normal que adquiere asombrosos poderes después de que algo terrible les ocurra: matan a sus padres, son mordidos por una araña radioactiva o son enviados con un cohete lejos de su planeta a punto de estallar. La tragedia marca el comienzo de sus nuevas vidas como héroes con capacidades extraordinarias y un gran coraje que nunca antes tenían.

En el siguiente ejercicio puedes descubrir tus propios orígenes heroicos y afirmar tus poderes.

Ejercicio: el héroe de acción

Piensa en un suceso trágico que hayas experimentado y luego construye una narración sobre él que no te culpe ni a ti ni a nadie más. Cuenta la historia en tercera persona, describiendo la dramática experiencia como algo que simplemente pasó, un giro en tu historia que prepare al oyente para comprender cómo desarrollaste tus extraordinarias capacidades.

Recuerda, tú eres el cuentacuentos, y en el momento en el que narres una nueva historia con poder y convicción, la empezarás a hacer realidad. Para eso, explica por qué tu divorcio, abandono, enfermedad, sufrimiento o pérdida te dio las capacidades que nunca antes habías tenido. ¿Cuáles son los poderes que has adquirido? ¿Puedes «volar» por encima de tus penas cotidianas? ¿Tienes una «visión de rayos X» que te permita ver a través de la gente, observando lo que los demás no pueden? ¿Puedes estirarte como Plastic Man o esquivar las balas con tus brazaletes dorados y tus rápidos reflejos como Wonder Woman?

A diferencia de los cómics, tú no tienes por qué escribir acerca de estar alienado o incomprendido debido a tu diferencia. En tu libro personal de historias puedes rodearte de otros héroes que tengan sus propias habilidades únicas. Puedes inspirar a otros con tu audacia pero también tómate tus días de descanso mientras confías en que los demás a tu alrededor te ayuden mientras os reagrupáis.

Mientras escribas tu historia, en tu cabeza o en una hoja, imagina qué podrías hacer hoy con tus poderes para manifestar la verdad, la justicia y la libertad en tu vida. No te imagines como un noble salvador de la gente de Gotham City, sino más bien como un humilde héroe que acepta su destino y esquiva los seres tóxicos utilizando sus asombrosas capacidades. Luego márchate a tu propia «batcueva» o fortaleza de soledad y deja que tu coraje se exprese en tu mundo hoy.

Limpia tus toxinas utilizando el coraje intelectual

Como recordarás, el coraje intelectual es la audacia de estar abierto a nuevas ideas, a cuestionar tu dogma y a tratar tus conocimientos acumulados como meras hipótesis. Sea lo que sea que creas saber, ponlo a prueba, una y otra vez. Quizás hoy descubras que lo que sabes que es cierto no lo es en absoluto, o sólo en ciertas circunstancias.

Cuando los aztecas se establecieron en México central heredaron una profecía acerca del regreso del «Señor de la aurora», un hombre-dios que provocaría una gran revuelta y luego traería paz duradera y abundancia para todos. Alrededor de la época indicada por la profecía, exploradores aztecas divisaron enormes naves con grandes velas ondulantes aproximándose desde el Este, el lugar de la aurora. Los conquistadores que llegaron fueron recibidos como dioses por los aztecas... quienes luego fueron testigos de la devastación de sus ciudades y su estilo de vida, gracias a esos «dioses». Sus sacerdotes estaban tan empeñados con su noción de la «verdad» que no llegaron a reconocer el mayor peligro al que se enfrentaban los pueblos indígenas de las Américas. Pero eso no quiere decir que la verdad de su profecía hubiese fallado, sólo su temporización. Simplemente fracasaron en probar su hipótesis en la realidad.

Una de las maneras de quedar atrapado en historias es mediante la creación de creencias por las que vivimos como si estuviesen escritas en piedra. Algunas formas de terapia, como la terapia cognitiva conductual, pueden ayudarnos a distanciarnos de nuestras creencias, analizarlas objetivamente y reconocer lo limitador que es nuestro «conocimiento» o punto de vista. Podemos descubrir lo deformadas que están nuestras percepciones cuando examinamos las palabras que salen de nuestras bocas.

Por ejemplo, cuando mis hijos eran pequeños y yo no les permitía hacer algo, se quejaban de que *nunca* les dejaba divertirse, y que *siempre* les negaba lo que querían. Estoy seguro de que eso era verdad para ellos en aquel entonces, pero cuando se lo recordaba les acababa de llevar a la sala recreativa, les dejaba quedarse hasta tarde para ver una película o les consentía alguna otra cosa. Por supuesto, ellos habían olvidado todo aquello desde el momento en que les había negado algo.

Incluso como adultos, no reconocemos cuándo estamos deformando nuestras percepciones para conformarlas con nuestros sentimientos del momento: insistimos en que «nadie» nunca nos ha amado de verdad, que «todos» nos infravaloran y que «nunca» nos saldremos con la nuestra. Nuestro lenguaje de extremos, *siempre, nunca, nadie, todos*, delata lo sesgadas que pueden ser nuestras percepciones. Llenamos nuestras mentes con todo tipo de pensamientos incorrectos que damos por hechos indelebles: «Sé que nunca tendré el tipo de seguridad financiera que tuvieron mis padres porque nuestra economía se ha fastidiado del todo» o «No hay nadie ahí fuera para mí; nunca encontraré amor».

Nuestros iguales nos animan a apoyar la «sabiduría» popular, que puede o no ser cierta para nosotros hoy, encerrándonos en creencias rígidas y dogmáticas tales como:

– Los hombres buscan la libertad, mientras que las mujeres buscan la intimidad y la relación.
– El sexo y el romanticismo mueren después del matrimonio.
– Es todo cuesta abajo después del instituto.
– La jubilación es el principio de la irrelevancia.
– La tecnología puede resolver cualquier problema.

Muchos de mis clientes se están enfrentando a crisis de salud y a diagnósticos ominosos, y he encontrado que hay dos respuestas típicas a esa noticia espantosa. O se lanzan en un profundo viaje espiritual para comprender por qué están aquí en esta tierra, teniendo esa experiencia, y en última instancia aprendiendo las lecciones que la enfermedad les tiene que enseñar; o se sumergen en el lenguaje y las actividades de la comunidad médica, analizando sus resultados de laboratorio día a día, y enfocando toda su atención en el cuidado de su salud.

Los miembros del segundo grupo en ocasiones vienen a mí esperando una cura milagrosa. Tengo que explicarles que la salud es el resultado de un modo de vida, de la misma manera que lo es la curación, así que deben trabajar con sus médicos además de con su chamán para crear una nueva historia de bienestar en un nivel físico, emocional y espiritual.

De hecho, a todos mis clientes les digo que yo sólo trabajaré con ellos con medicina energética si están dispuestos a ver y trabajar también con un doctor de la medicina occidental, pues es importante tratar la salud en todos los niveles. Pero también creo que con demasiada frecuencia la gente pone toda su fe en la historia de que la medicina occidental puede tratar su enfermedad y su recuperación. Quieren desesperadamente creer que la tecnología puede solucionar cualquier problema, así que ponen sus esperanzas de recuperación en un nuevo procedimiento o test que parece prometedor. Sí, el procedimiento puede ayudar, pero tener el coraje intelectual para decir: «Quizás sea algo que la tecnología sola no pueda resolver» puede abrirlos a otras vías de sanación a las que han estado cerrados.

Instamos a los ciudadanos a que aprendan resucitación cardiopulmonar (RCP) y que abastezcan con desfibriladores los aeropuertos y las escuelas públicas por si acaso alguien tiene un ataque al corazón, aunque poca gente se da cuenta de que, incluso, en la mejor de las circunstancias, la RCP y un desfibrilador debidamente utilizado sólo salvarán a un pequeño porcentaje de víctimas de infartos. Queremos creer que con la herramienta adecuada podremos arreglarlo todo; después de todo, así es como funciona en las películas y en la tele. Cuando la medicina occidental y sus lujosas máquinas no evitan que alguien muera, nos parece devastador que nuestro conocimiento y nuestra tecnología nos hayan fallado.

~ ~ ~ ~

Con coraje intelectual puedes cuestionarte todo lo que sabes acerca de lo que «nunca» puede ocurrir, lo que «siempre» sucede, lo que «todos» saben y hacen, y lo que «nadie» entenderá o aceptará. Puedes reconocer los mitos culturales que has aceptado incondicionalmente, que te han mantenido atrapado en una pesadilla, y empezar a reconsiderarlos. Entonces puedes abrirte a posibilidades que el universo te presenta y meterte en la corriente de tu río.

Tú no quieres quedarte atrapado eternamente analizándote y embelesarte por el funcionamiento de tu psique y tus emociones. Lo que es importante es liberarse de los juicios acerca de ti, de otros y de tu situación; simplemente observa todo con curiosidad. Cuando accedes al coraje intelectual, puedes empezar a pensar de nuevo sobre lo que estás haciendo y por qué los acontecimientos se están desarrollando así. ¿Qué lecciones podría estar provocando el universo para que aprendas?

Libérate del miedo y vuélvete curioso, permitiéndote pensar en las posibilidades inherentes a una situación. Encuentra la belleza que está oculta bajo la historia conocida como «Tengo un problema»; podría ser la oportunidad para crear una mayor intimidad con tu pareja mientras os sanáis juntos por una pérdida, o para desarrollar una mejor comunicación con tu hijo después de que hayas descubierto que ha empezado a fumar hierba. Entonces alcanzarás la ecuanimidad, un equilibrio de ideas y sentimientos en la mente, y podrás expresar el coraje de jaguar más fácilmente.

Practicar la verdad y el coraje de jaguar es más fácil de hacer cuando dedicas tiempo a estar tranquilo y reflexivo, porque es difícil mantener la compostura en presencia de palabras o emociones fuertes, sean tuyas o de otra persona. Comete un error cuando vayas conduciendo y es probable que te encuentres a otro conductor gritándote y llamándote idiota (o algo peor). Fíjate lo que ocurre cuando alguien te pita: tú inmediatamente respondes para acomodarte a ellos, o si no crees que estás haciendo algo mal. Se requiere coraje para liberarte de tus sentimientos de nerviosismo, ira o vergüenza, o bien de los pensamientos como: «Soy un conductor terrible y peligroso» o «Esta carretera es mucho más confusa para mí» o «¿Será gilipollas? ¡Ahora verá!».

El coraje intelectual te permite respirar hondo y alejarte de mitos negativos y distorsionados como: «Cualquiera que se atraviese a los demás en la carretera es un cabrón egoísta y malintencionado»; eres capaz de reconocer que si bien eso puede ser verdad, no es la única explicación posible para el comportamiento de otra persona. A veces, después de haber experimentado semejante incidente ofensivo, es mejor tomarse un momento después para recuperar la perspectiva y recordarse a uno mismo lo difícil que es rechazar las viejas historias cuando estás bajo presión.

Una vez estaba conduciendo con un amigo, un reconocido sanador, hacia Los Ángeles. Nos quedamos atrapados en un atasco monumental, lo que provocó que llegase tarde a una cita, así que llamó a su cliente y acordaron tener su sesión por teléfono. Yo decidí cerrar los ojos y seguir mientras él guiaba al otro hombre mediante una meditación, llevando amor y perdón a cada órgano del cuerpo de su cliente.

Me estaba adormeciendo en un agradable trance con la voz de mi amigo, cuando por alguna razón abrí los ojos y vi que le estaba sacando el dedo al tipo de delante por atravesársele. Estaba gesticulando «vete a la mierda» en silencio, sin dejar el ritmo de la meditación guiada con su cliente.

Yo acababa de trasladarme a Los Ángeles en aquella época y aún no estaba familiarizado con las maneras de violencia vial del sur de California. Así que imagina mi sorpresa cuando al final de la sesión, mientras todavía estábamos avanzando lentamente en el atasco, mi amigo se volvió hacia mí y me explicó: «Así es como conectamos entre nosotros aquí en Los Ángeles; no es nada, en realidad». Con el tiempo, comprendí que la violencia vial es meramente una forma de deporte para muchos californianos, y que desarrollas una tensión alta sólo cuando te tomas en serio semejantes intercambios.

En el siguiente ejercicio aprenderás a cuestionar algunas ideas y creencias que das por sentadas. El hecho de examinar lo que crees que es la verdad indiscutible te ayudará a descubrir que sólo es tu realidad personal.

Ejercicio: darle la vuelta

Identifica una situación o un individuo que te moleste, te irrite y te enoje; ese algo o alguien que prefieres evitar. Cierra los ojos e intenta imaginar las cualidades afirmativas de esa circunstancia o persona. ¿Qué podría ser positivo en el hecho de estar atrapado en un atasco rodeado de conductores agresivos? ¿Cuál es la parte buena de olvidar una cita importante y tener que disculparte con la persona con la que se suponía que habías quedado? ¿Cuál es el lado ventajoso de que te despidan? ¿Cuáles son las buenas cualidades de ese político, famoso, compañero de trabajo o pariente político de quien dices que no puedes soportar? ¿Qué amas y respetas del presidente a quien tú no votaste? ¿Dónde está la belleza en una pérdida?

Mientras encuentras el lado bueno de lo que te hace sentir mal, imagina qué otros regalos hay escondidos a simple vista. ¿Qué enervantes posibilidades, lecciones difíciles y recordatorios incómodos estás evitando que podrían ayudarte en tu proceso de maduración espiritual?

Después identifica algo que ames, admires o con lo que te inspires, y luego imagina lo que tiene de feo, desagradable o molesto. ¿Qué te incomoda del hecho de tener un compañero sentimental que te ama profundamente? ¿Qué quejas tienes de tu hermoso hogar? ¿Qué hay tan irritante en un cesto de adorables gatitos? (Entiende que de lo que se trata aquí no es de fomentar el pesimismo, sino de reconocer el aspecto sombrío de lo que te da felicidad.)

Cuando te abras a la creatividad y a la honestidad, identifica el lado malo de lo que amas y aprecias... o que te han dicho que deberías amar y apreciar. Explora el lado malo, sin juzgarte ni sentirte culpable por tener sentimientos negativos acerca de algo que «debería» hacerte feliz. Cuando identifiques lo que está oculto en las sombras de tu psique y lo lleves a la luz para examinarlo, podrás escoger descartarlo conscientemente, tanto si es la idea de que «la intimidad emocional es limitante, y mi relación me está impidiendo explorar todo lo que la vida tiene que ofrecerme» u «odio sentir que tengo que limpiar y redecorar constantemente mi hogar».

Ten el coraje para cuestionar el dogma, y comprométete a poner a prueba tus hipótesis. Hoy, ¿es cierto que la intimidad te esté atrapando? ¿Es verdad que, como hombre, no tienes una fuerte necesidad de seguridad emocional en una relación? ¿Alguien te está refrenando en este momento o estás haciéndolo todo por ti mismo sin la ayuda de nadie? ¿Qué pasaría si dejases tu casa sola y gastases tu energía, tiempo y dinero en algo que no fuese diseñar y actualizar el «aspecto» de tu hogar?

Al cuestionarte tu dogma o verdad personal, y descubrir, por consiguiente, tus ideas y sentimientos inconscientes, te abres a pensar creativamente y a ensoñar con valentía.

Limpia tus toxinas utilizando coraje moral

Para acabar de limpiar tu río necesitas expresar el coraje moral, lo cual no significa sólo discernir qué es lo correcto, sino realmente hacerlo. Simplemente reconocer lo correcto puede ser difícil cuando estás atrapado en una pesadilla jaguar mental. Puedes empezar liberándote del resentimiento, la crítica y la indignación; luego pregúntate: «¿Cómo puedo honrar los valores de esa persona además de los míos?». Eso te permite liberarte de las creencias distorsionadas que llevan al conflicto, al daño y al resentimiento; y serás lanzado a la conciencia de colibrí. El símbolo del colibrí es importante porque ese pequeño pájaro valiente sólo se nutre de néctar y no se alimenta de amargura, contradicción o discordia.

Con coraje moral, asumimos responsabilidad personal por nuestras acciones más que cumplir simplemente con nuestros ideales de boquilla. Decimos a otros que lo sentimos, aun cuando creemos que tenemos razón. Sabemos que una disculpa no significa: «Soy el chico malo y he hecho algo mal», sino: «Te ofrezco mi empatía porque veo que estás sufriendo». Con coraje moral ofrecemos enmendar cualquier rol que jugamos en el sufrimiento de otra persona. No defendemos nuestras acciones diciendo: «De acuerdo, lo hice, pero lo que tú hiciste fue peor» o «No es problema mío si te ofendiste por lo que hice». El coraje moral nos permite crear paz con nosotros mismos y otros.

Con el coraje emocional amamos audazmente en nuestras relaciones íntimas. Ten en cuenta que todos los compañeros sentimentales que hemos tenido llegaron a nosotros para ayudarnos a sanar y a crecer. Cuando nos estaban enfureciendo y nos volvían rencorosos, simplemente estaban haciendo tu trabajo en la historia que escribimos.

Con demasiada frecuencia convertimos a nuestras parejas en enemigos íntimos a los que hacemos responsables de nuestra infelicidad y nuestros fracasos. La mayoría de los expertos está de acuerdo en que se tardan 24 meses para que el amor romántico acabe y para que el cielo se convierta en infierno. El coraje emocional requiere que nos *elevemos* al «caer» enamorados, convirtiéndonos en autores de una historia heroica en la que dejamos de buscar la próxima pareja «correcta» y crecer para serla nosotros mismos. Este tipo de coraje no significa que cambiemos a la pareja, sino que cambiemos el guión de nuestra relación.

Cuando encuentras el coraje emocional para liberarte de tu posición defensiva, no esperes absolución y liberación instantáneas, ni insistas en que la otra persona esté de acuerdo con tu nueva historia. Recuerda que *eso* también es una historia. Simplemente sigue tu voto de convertirte en el cuentacuentos, y resiste caer en el viejo recurso de que tú eres la verdadera víctima, no él o ella.

Es interesante que después de una aventura extramatrimonial, el cónyuge que incumplió su promesa de ser fiel a menudo se arrepiente y trata a su pareja con gran ternura, sólo para empezar a molestarse porque aún no ha sido perdonado. Exasperado, exigirá saber cuándo podrá dejar de dormir en el sofá y cuándo su pareja volverá a tenerle confianza, como si acordase una fecha para el resentimiento y dijese: «Vale, a partir del día 15 del mes que viene te entregaré libremente mi amor y mi fe de nuevo y sin reservas. Me parece una sentencia justa por tu ofensa, ¿no crees?».

Por supuesto, el coraje moral también requiere que la pareja que ha sido engañada empiece a liberar ese resentimiento más que aferrarse a su historia de haber sido traicionada. El daño, la ira y la desconfianza son grandes emociones para despertar su compasión; pero si se aferra a ellas, se convertirán en heridas psicológicas que la condenarán a mantener situaciones que recreen su daño, su ira o su desconfianza.

El coraje moral nos otorga el poder de limpiar nuestro río perdonando a otros y perdonándonos a nosotros mismos. Sabemos por los relatos de las experiencias cercanas a la muerte que, después de que dejemos el mundo físico y nos dirijamos al reino en el que el tiempo fluye como un río, deberemos revivir cada recuerdo de haber causado daño a alguien o de haber sido dañado. Sentiremos lo que las otras personas experimentaron en nuestro pasado y finalmente podremos liberarnos de nuestra propia culpa. Sin embargo, esa limpieza del río puede ocurrir en cualquier momento.

Cuando mi padre estaba muy enfermo y claramente en sus últimos días, por ejemplo, me pidió que le ayudase en el proceso de morir. Yo le dije que se imaginase sentado en una roca que sobresaliese de una corriente repleta con todos los recuerdos de su vida. Le resultó difícil hacerlo al principio, así que le pedí que imaginase lo que ocurrió la primera vez que llevó pantalones largos, que recordase una imagen de cuando era niño en la primera casa en la que vivió, y cosas así. Los recuerdos visuales le vinieron, fluyendo como un río delante de él, y le acompañé en el proceso de pedir perdón y perdonar a otros.

Llevamos a cabo ese ejercicio varias veces en el transcurso de dos semanas, y yo observé y escuché cómo mi padre lloraba y hablaba a las personas de sus recuerdos, incluido a sí mismo. Finalmente, cuando hubo acabado de hacer las paces con cada recuerdo y persona de su vida, falleció. Supe que no tendría que limpiar su río después de la muerte porque ya lo había hecho.

~ ~ ~ ~

La clave para escribir historias sanadoras es la práctica de la belleza, porque aquéllos sin belleza sólo pueden aportar sufrimiento. Eso no quiere decir que tengamos que escribir historias con finales de cuento de hadas, sólo significa que las historias que concibamos y los propósitos en los que nos implicamos estén guiados por el principio de crear y aportar belleza a todos los implicados. James Watson y Francis Crick, los descubridores de la estructura molecular del ADN, fueron guiados por el principio de que fuese cual fuese la forma básica de la vida humana, «tenía que ser hermosa». Los poetas navajo escribieron: «Belleza ante mí, belleza detrás de mí, belleza a mi alrededor. En belleza camino...». Una historia sanadora tiene algo exquisito en su interior.

Con el coraje de jaguar limpias tu río practicando la belleza, conmoviendo a todos y a todo con esa cualidad en lugar del miedo, la ira o la duda. Entonces notarás que las aguas de tu río se vuelven cristalinas, que puedes escribir volúmenes de belleza y gracia, y que tú eres el narrador..., no sólo quien aparece en tus historias.

Con el coraje del alma puedes sumergirte en la corriente del río, con pleno acceso a tu pasión por la vida. Aceptas que no tienes el control de hacia dónde fluye tu río, sino sólo de lo limpias que mantienes sus aguas, y aprendes a nutrirte a ti mismo y a otros como si irrigases campos y prados. Visualiza cómo sería tu relación; piensa en cómo interactuarías con extraños en situaciones desafiantes, y en los pequeños momentos cuando el temor amenaza con bajarte a un estado de conciencia inferior y con bloquearte tu acceso al coraje. Imagina cómo sería tu mundo si te liberases de tu dogma, tus rígidas creencias y tu obsesión por tus respuestas emocionales a determinadas situaciones.

Si tienes el coraje de practicar la belleza sin tener en cuenta lo difícil que puede ser, limpiarás tu río y te liberarás de los miedos que crea tu ego. Cuando practiques la belleza, te encontrarás preparado para involucrarte en la tercera disciplina de Guardián de la Tierra: la práctica de prepararse para morir en cualquier momento.

CAPÍTULO NUEVE

Estar dispuesto a morir en cualquier momento

Aquel que teme la muerte
ya ha perdido la vida que codicia.
CATÓN EL CENSOR

Los Guardianes de la Tierra creen que para vivir plenamente y ensoñar con valentía debemos despertar cada mañana y vivir el día como si fuese el último. Sólo cuando nos enfrentemos a la realidad de que somos mortales y de que no tenemos ningún control sobre cuándo dejaremos esta existencia física, encontraremos el coraje para renunciar a huir frenéticamente de la muerte que tememos, y pondremos nuestra energía en vivir vidas de originalidad y propósito.

Estar dispuesto a morir en cualquier momento requiere un gran valor. Necesitamos el coraje emocional para expresar la verdad ahora, decir a otros lo que es necesario decir, sin demora. Es muy fácil decirnos a nosotros mismos: «Bueno, ella sabe que la quiero, no tengo por qué decirlo en voz alta» o «Él sabe que me siento mal por nuestra discusión, pero aclararé las cosas más tarde».

Necesitamos coraje moral para que podamos alinear nuestro comportamiento con nuestros principios en lugar de poner excusas por las que está bien volver a actuar desde la integridad más tarde, y en un momento más conveniente.

Con el coraje moral, no miramos el lío que hemos causado (o heredado pero no hemos hecho nada al respecto) ni decimos: «Que alguien idee algo para arreglar este problema». Eso me recuerda a Thomas Jefferson, quien dijo antes de morir que lamentaba que los Padres Fundadores no hubiesen ideado cómo resolver el problema de la esclavitud, que tendría que ser tratado por generaciones futuras. Aún estamos tratando con la secuela de generaciones de americanos que pasaron ese problema mediante las leyes de discriminación racial, discriminación en la vivienda y cosas parecidas. Con coraje moral podemos ser honestos acerca de lo que estamos haciendo hoy, que sorprenderá a nuestros tataranietos, del mismo modo que nos sorprende a nosotros por el hecho de que nuestros antepasados tuvieron esclavos, cazaron especies hasta extinguirlas como mero pasatiempo y negaron a las mujeres el derecho a votar.

Estar dispuesto a morir en cualquier momento también requiere el coraje intelectual de liberarnos de las viejas nociones que heredamos de nuestra familia, iglesia y cultura acerca de lo que necesitamos para ser felices. Significa hacernos a nosotros mismos preguntas difíciles como: «¿Estaría contento si nunca me casase o tuviese hijos, o si nunca hiciese un viaje por el mundo? ¿Y si siguiese mi instinto y la consecuencia fuese que a quien amo me deja?».

El coraje intelectual también quiere decir atreverse a cambiar nuestras mentes acerca de alguien o algo que podemos dar por sentado. Por ejemplo, requirió un gran coraje intelectual por parte de Cristóbal Colón pensar que el mundo no era plano, como todos creían, y luego seguir sus convicciones. Muchos de nosotros hoy en día seguimos viviendo en un mundo «plano», con ideas y opiniones que nos sirven pero limitan nuestra experiencia de la realidad.

Tener el coraje de colibrí para ensoñar quiere decir seguir tu instinto hoy, de algún modo, a pesar de los hechos de tu vida que parecen obstáculos inamovibles. Significa no esperar hasta que hayas reunido todos los materiales (una cierta cantidad ahorrada, extensos períodos de tiempo y la comprensión y el apoyo de quienes te importan) para empezar a ensoñar. Si tu lienzo está inacabado en el momento en que mueras, al menos habrás muerto como artista en lugar de hacerlo como soñador o diletante que habla de cómo le gustaría vivir realmente pero que sólo lo hace en raras ocasiones de vez en cuando, como cuando está de retiro de fin de semana, momentáneamente inspirado o de vacaciones.

Postergamos vivir como nos gustaría realmente porque creemos que tendremos todo el tiempo del mundo para que nuestro sueño empiece. Con ese fin, uno de mis mejores amigos comenzó a hacer todo tipo de planes para cuando se jubilase de un trabajo que odiaba, hasta que finalmente llegó a los 65 y pudo dejar de ir a la oficina. Dos meses después estaba muerto, y sus sueños postergados permanecieron como fantasías insatisfechas. Aunque sus hijos parecieron haber aprendido bien de él, pues se gastaron su pequeña herencia viajando por el mundo.

Permanecer consciente de que la muerte puede venir aporreando la puerta en cualquier momento nos libera del tipo de muerte del espíritu que ocurre cuando congelamos nuestra capacidad de ensoñar y nos arrastramos durante otro día, esperando que nuestras existencias cambien para mejor. La falta de vida que se da cuando estamos atrapados en la pesadilla es mucho peor que la que ocurre cuando pasamos desde esta existencia mortal a la siguiente. Pero en nuestra cultura somos inconscientes de esa muerte del espíritu porque estamos aterrorizados por la muerte del cuerpo. Temiendo el final de nuestros días, intentamos permanecer frenéticamente ocupados y mantenerla a raya.

La ilusión de burlar la muerte

Érase una vez, en el mercado de Bagdad, un sirviente que se topó de frente con la propia Muerte. Aterrorizado, el hombre dejó sus compras y corrió a casa a pie. Cuando llegó, rogó sin aliento a su amo: «Por favor, ¿puedo cogeros prestado vuestro caballo más rápido? Me he encontrado a la Muerte en el mercado, y ha hecho un gesto como si quisiera cogerme, así que he regresado aquí corriendo tan rápido como he podido. ¡Debo escapar de ella!».

El amo respondió: «Toma mi corcel más veloz y quizás puedas dejar atrás a la Muerte esta noche. Escapa a Sammara, pues allí nunca te encontrará». El sirviente se lo agradeció efusivamente y salió al galope como alma que lleva el diablo hacia el pueblo de Sammara, que estaba a muchas horas de distancia.

Entonces el amo fue al mercado, y cuando él vio a la Muerte, le preguntó: «¿Por qué has amenazado a mi sirviente cuando estaba por aquí antes?».

La Muerte respondió: «No le estaba amenazando. Sólo me ha sorprendido verle, eso es todo. Es que esperaba encontrarme con él esta noche… en Sammara».

Como el sirviente asustado, intentamos desesperadamente dejar atrás nuestro fallecimiento y negar su inevitabilidad. Nos mantenemos muy ocupados, con una agenda interminable de tareas importantes, razonando que si dejamos suficientes tareas pendientes, el fin no nos encontrará e interrumpirá nuestro significativo trabajo. Decimos: «Mi empresa no podría sobrevivir sin mí», o «Todo se iría al traste en esta familia si yo no estuviese al mando». No podemos soportar ir a la vuelta de la esquina a enviar una carta sin nuestro teléfono móvil en la mano; si no estuviésemos disponibles para los demás en cualquier momento del día, tendríamos que admitir que la Tierra definitivamente seguirá girando sin nosotros.

El miedo a nuestra muerte hace que vayamos con prisas de acá para allá haciendo cualquier cosa para burlarla, sólo para sentirnos atrapados en nuestra insensata existencia. Como dijo Sócrates: «Cuidado con la improductividad de una vida ocupada». Lo que decimos que son prioridades ni siquiera las escribimos en nuestra lista de cosas por hacer. Ese tiempo de calidad con tu hijo o una noche fuera con nuestra pareja se sigue posponiendo porque tenemos que acabar un informe o ir a la tienda de informática.

A menudo nuestra justificación por no ensoñar es que no tenemos suficiente tiempo, dinero o recursos. Esas excusas tienen su origen en nuestros miedos en serpiente y en nuestras historias en jaguar. De lo que realmente carecemos no es de recursos, sino del coraje para decir no a la pesadilla y los miedos, y decir sí al ensueño. Eso me recuerda a mi madre: cuando cumplió 82 me contó que si fuese más joven habría querido probar el *puenting*, pues le parecía una maravillosa aventura.

Yo le dije que había una versión más segura del deporte que podría probar incluso a su edad, llamada «tirolina», que consistía en un cable fuerte y un arnés. Mi octogenaria madre quedó encantada con la idea de ser enviada a toda velocidad por una ladera de Utah. Pero ¿cuántas veces la mayoría de nosotros rechazamos correr algún riesgo, incluso cuando somos jóvenes, debido a nuestros constantes miedos?

No tenemos por qué practicar caída libre sin cuerda, pero sí podemos saltar a una vida completamente sabrosa en lugar de intentar caminar de puntillas hacia la seguridad en todo momento. Eso me hace pensar en que cuando alguno de los participantes de mis seminarios viene a mí y exclama: «¡Me alegro tanto de haber venido! He estado leyendo sus libros y he querido hacer esto durante años», siempre me pregunto qué otras aventuras de la vida ha estado evitando si ha tardado años para armarse de valor, salir de su zona de confort y empezar su viaje de sanación.

También puedes estar aplazando la manera en que te gustaría vivir quedándote atrapado en tus actividades cotidianas y en tus excusas por las que no puedes tener la vida que quieres. En el siguiente ejercicio empezarás a imaginar cómo podrías hacer que tu ensueño se manifieste hoy, sean cuales sean los obstáculos que imagines.

Ejercicio: tu día perfecto

¿Qué ocurre en el momento en que te despiertas por la mañana? ¿Saltas de la cama para empezar el día de inmediato? Si es así, quédate en la cama un poco más la próxima vez para recordar tus sueños. Luego, en ese mismo estado de ensoñación lúcida, visualiza tu día perfecto. Imagina la gente con la que interactúas y la calidad de sus conversaciones. Escúchate diciendo verdades que deben ser dichas, además de: «Te quiero», «Te perdono» y «Lo siento» a aquellas personas con las que pretendías hacer las paces. Mira lo que comes, dónde estás y qué pasa antes de que te quedes dormido por la noche. Visualiza cada detalle.

Ahora pregúntate qué puedes hacer antes de que se acabe esta tarde para experimentar cada elemento de ese día perfecto, desde las emociones que sientes hasta las interacciones y aventuras que tienes. ¿Cómo puedes traer la playa tropical a tu mundo cuando hace un frío que pela ahí fuera? ¿Cómo puedes jugar con las olas cuando tienes que preparar la cena y responder a dos docenas de correos electrónicos? ¿Dónde está la relajación, la fantasía y el deleite y la comunión con la naturaleza en tu mundo ahora mismo?

Rechaza la idea de que tienes el resto de tu vida para planear y crea ese día perfecto. Libérate del equipaje kármico que te está causando que digas que no puedes tener las interacciones y las relaciones que deseas; lo que te hace sentir que no puedes arriesgarte a salir lastimado de nuevo o que no tienes por qué tolerar el ridículo que harías si dieses un paso adelante e hicieses lo que realmente quieres. Y deshazte de la excusa de que no tienes el dinero para financiar tu sueño, y los recursos fluirán desde fuentes inesperadas una vez pongas tu intento en movimiento.

Descubre los elementos de tu ensueño que son símbolos de lo que más amas y valoras, y sabrás que puedes llevarlos a tu vida ahora mismo, estés donde estés, hagas lo que hagas. Puede que tu día perfecto tenga lugar en Italia, donde puedes saborear la experiencia de una tarde encantadora en una terraza en alguna parte, bebiendo un buen vino y disfrutando de frondosos jardines ante tus ojos. En colibrí, comprendes que encontrarás una manera de llegar allí, literal o metafóricamente. Reconocerás que habrá flores cayendo en cascada, delicias para los sentidos y el exquisito lujo del tiempo para disfrutarlo todo, sea en la Toscana o en Toledo.

Por otra parte, si sigues apresurándote de acá para allá, intentando ahorrar suficiente dinero para hacer las vacaciones de tus sueños, puede que acabes en Italia pero te decepcionarás. Encontrarás que la casa de campo no tiene instalación de

Internet sin cables, que el vino es fantástico pero dos veces más caro comparado con el que puedes comprar en casa, y la fantasía del país despertando tu sensualidad no aparecerá como lo hace en una de esas novelas de E. M. Forster. Decidirás que Italia es el problema, no tu indisponibilidad para liberarte de tu actividad frenética y rendirte a la experiencia del despertar sensual estés donde estés en el mundo, sin tener en cuenta cuáles son los hechos de tu vida. No vivirás realmente porque estarás demasiado ocupado intentando no morir.

Comprende qué muerte es la que realmente temes

Pensamos que tenemos miedo a la muerte, pero lo que realmente nos aterra es el final del ego, el yo que hemos llegado a conocer y a querer. Al temer esa desaparición, intentamos dejarla atrás como aquel sirviente de Bagdad. De nuevo, lo hacemos permaneciendo ocupados y fingiendo ser demasiado importantes para que se interrumpan nuestros planes. Lo que necesitamos en lugar de eso es liberarnos de nuestra importancia personal, de ese yo que tiene un conjunto particular de recuerdos, personalidad y temperamento que define quiénes somos, e identificamos con el alma que trasciende la muerte.

El coraje para estar dispuesto a morir en cualquier momento surge de la comprensión de que el yo con personalidad, temperamento y recuerdos (el ego) no es tu único yo. Tienes un yo inmortal, e identificarse con él en lugar de con el ego requiere un tremendo coraje. Cuanto más te identificas con el alma y resides en la conciencia de colibrí, más fácil es liberarte de tus historias y del karma que has estado llevando contigo vida tras vida. Te sentirás más ligero y entrarás más fácilmente en la conciencia de águila, donde «yo» ya no existe como entidad separada. El águila empieza a sentirse como nuestro hogar, porque *es* nuestro hogar.

Cuando dejamos de identificarnos con nuestra personalidad, de liberarnos de nuestro karma y de volver a casa, al reino del águila, dejamos de temer a la muerte del cuerpo físico y al final de nuestra vida en la Tierra. Conociendo nuestra naturaleza inmortal podemos permanecer inmersos en el gran océano de infinidad o volver a nacer en forma humana con el propósito de aprender o servir. Luego podemos convertirnos en *avatares*, seres elevados que deliberadamente bajan al plano terrenal. Habiendo trascendido la propia alma, habremos alcanzado la conciencia de las estrellas. Como avatares, tendremos plena libertad para ensoñar en un nivel mucho más elevado que el del alma individual, y podremos ser partícipes de los ensueños de las estrellas o incluso de galaxias enteras.

Podemos alcanzar la conciencia de águila en un instante, pero puede que nos lleve muchas vidas llegar a ese momento. Lo más cerca que llegaremos algunos de nosotros es cuando experimentamos amor incondicional; aquí probamos la infinitud y utilizamos esa nueva conciencia para aliviar nuestros temores a lo desconocido que nos aguarda después de la muerte física. Liberados de ese miedo paralizante de la desaparición del ego, podemos participar ensoñando un mundo que beneficie a todos en esta época, no sólo a nosotros mismos. Recuerdo haber experimentado el amor incondicional cuando sostuve a mi hijo recién nacido por primera vez. Por un instante o una vida «yo» desaparecí y todo lo que existía era aquel niño de vida. Mientras moraba en la conciencia de águila, me quedó claro que siempre residía allí y que no necesitaba un estímulo exterior como el del nacimiento de mi hijo para recordarme cómo volver a «casa».

Una vez hayas experimentado el águila, nunca volverás a ver las cosas igual. Serás consciente del hecho de que alguien más caminará en la Tierra después de ti y que tus acciones impactarán en las generaciones futuras. Uno de mis clientes, por ejemplo, vive en un área donde si hay demasiada agua en el sistema de alcantarillado, las cloacas se vacían en el lago, que es la fuente de agua para millones de personas. Él procura conservar agua durante los días de lluvia, y espera a hacer la colada y a lavar el coche en momentos en los que utilizar mucha agua no contribuya a la contaminación del lago que comparte con sus vecinos. Hace todo eso sin necesidad de prestar atención a su acto o de apodarse «el noble salvador del lago» o «el buen ciudadano». Nutre al lago de la misma manera que se nutre él, porque comprende que no hay «hombre» y «lago», sólo un Espíritu expresándose a sí mismo en las formas de «hombre» y «lago».

Tras haber experimentado la conciencia de águila puedes llevar esa sabiduría a los niveles inferiores de percepción y aplicarla a tu vida cotidiana. Cualquier sensación de carencia o de ansia por algo que permanece fuera de tu alcance desaparecerá. Serás consciente de que tu propio río es parte de uno mayor de infinidad, que siempre fluye puro y limpio, y decidirás que ésa es la única agua de la que quieres beber. Clara y cristalina, fértil y abundante de peces y juncos, tu río interior estará fluyendo con abundancia, nutriendo al mundo.

Desapegándote de tus roles

Para la mayoría de nosotros, nuestra autodefinición es tan importante que nos aferramos a nuestras etiquetas y nunca exploramos cómo podemos redefinirnos. Nuestros roles son nuestro ego; sin ellos sentimos que estamos perdiendo la esencia de lo que somos y que estamos «muriendo».

En el siguiente ejercicio incinerarás tus roles para que puedas liberarte de sus limitaciones. Después descubrirás las posibilidades de esos roles sin tener que quedarte atascado en la historia que creaste a su alrededor. Tus roles entonces se convertirán en lo que haces, en lugar de lo que eres. Puedes dejar de identificarte con ellos en el nivel de jaguar, o mente, y descubrir la miríada de posibilidades en colibrí, donde cada rol puede ser descartado o transformado en cualquier momento porque ya no te identificas con ellos.

Ejercicio: quemando tus roles

Para llevar a cabo este ejercicio, necesitarás algunas ramitas, varias tiras de papel, un bolígrafo, una fogata y el coraje de tu alma.

Mira las llamas (que pueden estar en la chimenea o en la barbacoa), dejando que tus pensamientos disminuyan y pierdan intensidad. Renuncia a darles peso, y obsérvalos mientras empiezan a disiparse. El fuego tiene una misteriosa capacidad para ayudarte a entrar en un estado de ensoñación lúcida y acceder al tiempo del sueño. ¿Alguna vez te has dado cuenta de lo fácil que es pasar horas junto al fuego sin pensar ni hablar?

En cada tira de papel escribe un rol, etiqueta o autodefinición con la que te identifiques. Asegúrate de incluir *esposo, esposa, padre, madre, doctor, enfermera, alcohólico recuperándose, estudiante, amante* y cosas así. Todos esos roles, por muy elevados que sean, te han atado y te han mantenido atrapado en una pesadilla sin inspiración. No obstante, enrolla cada tira alrededor de una ramita, y agradece a cada rol las lecciones que te ha enseñado y los poderes que te ha otorgado. Bendice cada rol, y luego coloca la ramita en el fuego y obsérvala arder. Continúa ese proceso con todos tus roles, y sé consciente de que estás creando un ritual sagrado para ti sin utilizar la mente.

Siente el calor que desprende cada ramita, asegurándote de que trabajas desde el nivel de colibrí, de la poesía y el mito. Imagina las demandas de tus roles desapareciendo entre el humo y las cenizas, mientras te liberas de jugar el papel de madre, esposo, hijo o empleada; y abre tu corazón para recibir los regalos que cada uno de esos roles te presenta. Sé consciente de que no puedes ser definido por tus roles, pero que puedes representarlos a todos con belleza y gracia.

Practica el perdón y la expiación

No identificarte con tus roles te permite limpiar tu río y estar dispuesto a morir en cualquier instante. Liberarte de las etiquetas de *víctima, sostén de la familia, madre soltera* y cosas así te permite perdonar a otros, absolverte a ti mismo por tus acciones y expiar.

Muchas veces la gente se enorgullece anunciando que han sido perdonados por sus madres por ser fríos y poco afectuosos o por sus padres por ser demasiado exigentes, pero nunca pedirán a sus progenitores que les perdonen por sus actos. Siempre que mis clientes me cuentan que finalmente han podido perdonar a uno de sus padres, les pido que vayan a él o ella de inmediato y les pidan perdón por lo mal que se lo han hecho pasar. Sólo entonces romperán los cordones energéticos que los mantienen ligados a esa persona y a esa historia.

Por muy difícil que sea decir «te perdono» cuando has sido agraviado, más difícil es decir «lo siento. Espero que me perdones». Recuerda, el perdón no tiene que ver con culpa e historias;

tiene que ver con abandonar la historia a favor del ensueño de amar y vivir en paz. Puedes perdonar a tu ex marido y escoger no tener ninguna relación con él, por ejemplo, pero también tienes que estar dispuesta a dejar la historia que creas en tu mente cada vez que te dejas pensar en lo que te hizo y lo que sufriste. Vuelves esa relación a la vida cada vez que reproduces esa película en tu cabeza y «re-creas» tu ira, resentimiento y tristeza. Hoy es el día perfecto para liberarte de esa historia, perdonando de una vez por todas y dejando atrás tu equipaje kármico.

Pedir perdón es una tarea muy difícil porque te expones a sentirte atraído por el drama de otra persona. La historia de tu antigua pareja de ser el amante agraviado puede ser el ajuste de cuentas para él, así que es posible que no esté dispuesto a renunciar al rol de víctima simplemente porque a ti te gustaría ensoñar algo más potenciador.

Cuando pides que te perdonen incondicionalmente, teniendo en cuenta que la elección de la otra persona de no participar en un nuevo ensueño no tiene nada que ver contigo, puedes encontrar el coraje para decir: «Siento haber herido tus sentimientos y haberte decepcionado», sin tener en cuenta tanto si él o ella escoge corresponderte como si no. Puede resultarte enormemente difícil liberarte de tu deseo de que te digan «te perdono»; y lo que es peor, podrías tener dificultades para perdonarte a ti mismo. En colibrí recordarás que, como cualquier otra persona, estás en un viaje de descubrimiento espiritual y que cometerás errores por el camino.

La psicología occidental nos dice que para sanar nuestras heridas emocionales debemos perdonar a quienes nos han agraviado y ser perdonados por quienes hemos agraviado nosotros. El problema de esta estrategia es que nos mantiene encerrados en las historias de víctimas, salvadores y perpetradores. Por eso es importante liberarse de cualquier juicio y perdonar a todos los que están involucrados antes de hacer las paces. De ese modo te dejas salir del atolladero por haber creado semejante historia falta de imaginación. Te excusas por pensar: «¿Cómo pude casarme con ese idiota?» o «¿Por qué le dejé el coche a mi hija la noche en que tuvo el accidente?». Luego dices que lo sientes y haces las paces con la vida; expías. Después de todo, tu verdadera deuda es con el universo.

Una manera de expiar es ayudando a alguien necesitado; cuando lo haces, tus historias ya no son historias personales y tus deudas ya no son deudas personales. Ves cómo tus acciones dañaron a todos, y descubres oportunidades para ayudar a otros y compensar tus transgresiones en contra de la vida misma.

Una noche en San Francisco, una amiga y yo íbamos caminando hacia nuestro coche, que estaba aparcado a unas pocas manzanas. Nos estábamos aproximando a una mujer sin techo que estaba durmiendo bajo unos trozos de cartón, cuando vimos a un tipo delante de nosotros que dejaba un billete en la taza de la mujer. Pocos segundos después, dos adolescentes se acercaron y robaron el dinero de la mujer que dormía. Pensé en perseguir a los chicos, pero mi compañera me cogió del brazo, y colocamos un billete de 10 dólares dentro del bolsillo de la chaqueta de la mujer. Aquella noche mi amiga pagó una deuda a la vida y me enseñó una gran lección acerca de dar a los demás de buen grado.

Cuando te sacrificas por otro, el universo observa tu silencioso acto de expiación. Sientes que el peso de tu culpa empieza a aminorar, porque mientras que decir «lo siento» sienta bien, compensar por tus malas acciones sienta aún mejor.

Pero la verdadera expiación debe ser hecha anónimamente. Como dijo Jesús: «Que no sepa tu mano izquierda lo que hace tu derecha» (Mateo 6, 1-4); en otras palabras, tan pronto empieces a pensar y a hablar de un noble acto que has llevado a cabo, comenzará a servir a la historia de tu ego. Permanece en un nivel de conciencia superior, ensoñando un mundo en el que no necesites validación porque experimentar el perdón y el amor es suficiente.

Prepárate para tu partida esta noche

Cuando empieces a identificarte con tu alma y experimentes tu conexión con el Espíritu en todas sus expresiones, te encontrarás incrementando en tu interior el coraje para vivir como si estuvieses dispuesto en cualquier momento. No te sentirás incómodo, avergonzado o intimidado mientras actúas abiertamente de acuerdo con tus valores más profundos. Tu vida se desarrollará naturalmente según tu intento y, con amor, dirá «hola» y «adiós» a la gente que va y viene en tu vida. Confiarás en que incluso si aquellos que te importan no participan en tu nuevo ensueño, no estarás solo. Te sentirás seguro de que aparecerán compañeros de ensueño y se unirán a ti para co-crear una realidad... y así será.

En el siguiente ejercicio te permitirás especular acerca de cómo podría desarrollarse esa nueva realidad; al hacerlo, te abrirás a las ingeniosas y mágicas maneras que utiliza el universo para ayudarte a manifestar tu ensueño.

Ejercicio: escribe tu panegírico

Puede ser difícil contar la historia de lo que está ocurriendo en tu vida ahora mismo, o de cómo has experimentado un acontecimiento importante, sin utilizar los personajes de víctima, salvador y matón; pero a estas alturas ya sabes que es crucial hacerlo si quieres romper con la pesadilla. Ahora es momento de contar toda tu heroica historia desde la perspectiva de colibrí.

¿Cuál ha sido tu viaje, desde el momento en que naciste hasta hoy? Escribe la historia como si acabases de morir y fuese el panegírico para repartir en tu funeral.

¿A qué recuerdos de tu vida querrías que la gente a la que quieres se aferrase? Piensa en lo que descubriste y lo que experimentaste (los sucesos de tu existencia que ayudan a definir quién eres), pero también recuerda los pequeños momentos que capturan la imagen de ti viviendo de la manera que pretendías.

¿Cómo conmoviste a otros? ¿Qué amor encontraste, y qué amor aportaste al mundo? ¿Cuáles fueron tus aventuras? ¿Qué exploraste y qué aprendiste? ¿Qué creaste? ¿Qué disfrutaste? En tiempos de cambio, desafío, pérdida y tragedia, ¿cómo practicaste la belleza? ¿Qué lograste?

Ten en cuenta que eres el narrador, así que puedes enmarcar los hechos como tú quieras. No importa el panegírico que alguien podría escribir para ti; cuenta la historia de la manera en que *tú* deseas que sea contada, capturando la esencia de quién eres. Si no eres feliz con el ensueño que has vivido, regresa y reescríbelo. Recuerda incluir los talentos y poderes que has adquirido como resultado de las decepciones y tragedias de tu vida y enmarca tu historia como el viaje de un héroe. Anota tus iniciaciones, tus renacimientos y reinvenciones, y tus triunfos. Si te encuentras escribiendo el panegírico que deseas que fuese verdad hoy pero aún no has arreglado lo que hiciste, hazlo sin falta ahora mismo.

Cuando hayas terminado, aprovecha tu coraje emocional y lee tu panegírico en voz alta a tus padres, pareja e hijos. Al compartir lo que has escrito, estás dejando que aquellos que más te importan sepan qué es lo más importante para ti. Esta práctica establece tu intento con otros, y ellos pueden empezar a apoyarte en el tipo de trayecto vital que ahora saben que te gustaría ensoñar para hacerlo realidad.

Cultiva la gratitud

Estar dispuesto a morir en cualquier instante nos permite vivir plenamente y ensoñar con valentía, pero también tiene el don oculto de alimentar las semillas de la gratitud en nosotros. Cuando dejamos de ir a toda prisa, manteniéndonos ocupados y distraídos, empezamos a encontrar que tenemos tiempo para mirar una imagen más global de nuestras vidas y reconocer nuestras bendiciones. Después de ser derribados por una gripe estomacal, por ejemplo, a menudo despertamos a la mañana siguiente con un profundo agradecimiento por una simple rebanada de pan tostado y nuestra capacidad para sentarnos cómodamente en una silla. Tras experimentar un roce con la muerte o enterarnos de una repentina tragedia, un terremoto, la caída de un puente, un accidente de tráfico fatal, miramos a nuestra pareja o a nuestros hijos o a nuestros mejores amigos y pensamos: «¡Qué afortunado soy por tenerlos en mi vida! Debería pasar más tiempo con ellos y decirles lo mucho que me importan».

La gratitud, el sentimiento de que somos bienaventurados, nos ayuda a dejar de estar esclavizados a nuestras listas de cosas por hacer y a recordar por qué estamos aquí: para amar, aprender, crecer, descubrir lo que podemos hacer para participar en la continua obra de arte que es la creación. Sentir profunda gratitud nos recuerda lo que más valoramos y nos inspira para dejar de postergar las cosas, despertar de la pesadilla de la frenética pero disparatada actividad, y empezar realmente a vivir del modo en que queremos vivir, con audacia y originalidad.

Epílogo

Todos tenemos el potencial para ensoñar un ensueño sagrado y valiente, uno que vaya más allá de servir a nuestros deseos personales y que aporte belleza al mundo. Juntos, reconocemos nuestra contribución al ensueño sin estar demasiado impresionados por nosotros mismos, por ser parte del ensueño mayor que tiene mucho más significado. Saboreamos la experiencia de ensoñar en compañía de otros: la gente que amamos, la gente que conocemos sólo de vista y la gente a la que nunca podremos conocer. Los animamos a unirse a nosotros en el ensueño.

Entre los incas, los hopi, los tibetanos, los mayas y otras sociedades aborígenes por todo el mundo, los mayores continúan la tradición de reunirse alrededor de una fogata cuando hay luna llena y ensoñar el mundo que quisieran legar a los hijos de sus hijos. En esa noche, llegan en silencio al círculo de ensoñadores, sabiendo que mientras lo que tenemos que ofrecer es sólo una diminuta pieza de un puzle mayor, es importante que aparezcan con amor e intento y participen en el proceso del ensueño.

En serpiente, saben que sólo necesitan sentarse junto al fuego. En jaguar, son conscientes de que deben llevar consigo amor y curiosidad. En colibrí, ofrecen su contribución sin comprender cómo encaja en el ensueño colectivo. En águila, ven la imagen global ante ellos y comprenden la totalidad del ensueño sin ser capaces de expresarla o definirla. Se sienten inmersos en el amor, conectados a todo. Ya no experimentan el «yo», sino el poder del Espíritu, se convierten en la luna y las estrellas, el fuego y el humo, en los demás y en ellos mismos, en nadie y en todos.

Son los ensoñadores y el ensueño sagrado… y eso es lo que deseo para cada uno de vosotros.

Agradecimientos

Primero, me gustaría darle las gracias a mi pareja, Marcela Lobos, sin cuyo amor y apoyo nunca habría encontrado el coraje para emprender este proyecto. Gracias a ti he aprendido a ensoñar mi vida para hacerla realidad.

Hay muchas personas que han contribuido al nacimiento de este libro. Sobre todo estoy agradecido a mis editoras, Nancy Peske y Shannon Littrell, que dieron forma y esculpieron este manuscrito para darle vida. Y finalmente me gustaría darle las gracias a Reid Tracy, presidente y gerente de Hay House, por su visión de lo que podría llegar a ser este libro, y a mi amigo, el doctor James Hamilton, por ofrecerme su acogedor hogar en los Andes, donde pude acabar de editar el manuscrito.

Acerca del autor

El doctor Alberto Villoldo, autor de numerosos libros superventas, es un psicólogo y antropólogo médico que ha estudiado las prácticas espirituales del Amazonas y los Andes durante más de 25 años. Mientras estaba en la San Francisco State University, fundó el Biological Self-Regulation Laboratory para estudiar cómo la mente crea salud y enfermedades psicosomáticas.

El doctor Villoldo dirige The Four Winds Society, donde instruye a individuos de todo el mundo en la práctica de la medicina energética y la recuperación del alma. Tiene centros de formación en Nueva Inglaterra, California, el Reino Unido, Holanda y Park City, Utah.

Ávido esquiador, excursionista y montañero, guía expediciones anuales al Amazonas y a los Andes para trabajar con los sabios maestros de las Américas.

Página web: www.thefourwinds.com.

Índice